AS DAMAS DE PRETO

Noga Sklar

As damas de preto

1ª Edição
POD

KBR
Greenville
2018

Coordenação editorial **KBR**
Design de capa **KBR|Noga Sklar**
Ilustração da capa **Albert Beck Wenzell, para Ladies' Home Journal (1894) - Wikimedia Commons**

ISBN edição impressa: 978-1-944608-66-8
ISBN edição digital: 978-1-944608-67-5

KBR Digital Publishers LLC.
www.kbrdigital.com
atendimento@kbrdigital.com

Greenville - SC
1|864|373.4528 (USA)

LCO019000 — Ensaio/ Mulheres autoras

Para Alan.

O poeta é um fingidor/ Finge tão completamente/ Que chega a fingir que é dor/ A dor que deveras sente.

Fernando Pessoa

Sumário

PREFÁCIO: *AS DAMAS DE PRETO*
CONSIDERAÇÕES SOBRE OS NOSSOS DIAS

Sócrates Nolasco[1]

Em *As damas de preto*, Noga Sklar nos oferece um panorama da sociedade atual construído a partir de assuntos que ganharam destaque na mídia e são bons exemplos para traçarmos um perfil do sujeito que vive hoje, nessa sociedade.

Sklar escreve com precisão e com a proximidade necessária para que o leitor se mantenha atento aos temas abordados em seu livro. Textos diretos e com profundidade convidam-nos a refletir sobre a ideologia do "politicamente correto", bem como sobre as contradições presentes nesse tipo de crença, motivando-nos a querer saber o que será dito em seguida.

O conjunto de textos nos propicia ver que o sujeito que vive nesse tipo de sociedade se define a partir do que sente, sem que essa determinação passe por qualquer crítica. Ele repudia o NÃO e é suficientemente manipula-

---

1 Psicólogo, escritor, professor e doutor em Psicologia Clínica, com experiência nas áreas de masculinidade, cultura, violência, identidade, comunicação e feminilidade.

do para acreditar que é o que seus sentimentos lhe dizem ser. Para ele, o sentimento assume a posição de verdade e, nesse contexto, a razão é preterida. Por conta disso, esse sujeito se envolve numa sucessão de disparates que o levam a atacar tudo aquilo que problematiza seu modo de ver o mundo. Noga nos mostra que esse tipo de sociedade tem como eixo a convicção de que é possível viver preterindo os limites impostos pela condição humana, pois se for assim, será factível defender a tese de que cada um pode ser o que quiser e, dessa maneira, tomar o lugar de Deus.

Em dias como os nossos, o sujeito brinca de ser Deus. Mas Deus está morto! Contudo, se Deus está morto, não seria mais aquele que faria o homem à Sua imagem e semelhança. Quem faria isso agora? Aquele que tomou o Seu lugar. E no lugar de Deus, o sujeito aspira fazer do homem sua imagem e semelhança, clonando-se e replicando-se diariamente através das mais diferentes mídias. Por conta disso, aquele que nasce homem poderá tornar-se mulher e vice-versa. Para o politicamente correto, sexo não é um acidente — já que ninguém escolhe o sexo ou a família em que nasce —, mas expressão da convicção do que sente o sujeito. Para tanto, é necessário lançar mão de uma ilusão com o intuito de reverter os impactos causados pelas marcas simbólicas originárias dos acidentes que constituem cada sujeito. Como essa operação é impossível, tal crença precisa estar constantemente sendo vendida como promotora de felicidade e alegria, comprada por muitos indivíduos, mesmo que isso lhes custe inúmeras distorções enganadoras.

Esse tipo de "política" vem sendo disseminada pela mídia que, nos dias de hoje, aspira ocupar o lugar do Primeiro Locutor, anteriormente conferido a Deus. Como as mitologias, os deuses foram as primeiras locuções, princípios a partir dos quais se interpretava e entendia o mundo. Hoje, no império da relatividade, tudo aquilo que é "absoluto" é atacado por ser visto como um herdeiro do Primeiro Locutor. Por exemplo: homem, branco e heterossexual é considerado um sucessor deste Locutor e por conta disso deve ser atacado sistematicamente. A questão é que muitos compram essa opinião sem perceber que estão sendo ludibriados pela ideia de que a mídia, em favor da Democracia, tomou para si a incumbência de defender a bandeira da diversidade, sem perceber que os interesses midiáticos são outros. Sklar nos mostra que, nesse contexto, a intimidade foi transformada em uma "coisa pública", sobre a qual todo mundo opina. Enquanto fonte de furos jornalísticos, a intimidade está sendo usada em favor da ascensão social de um sujeito que está mais para um Macunaíma repaginado do que para um Barack Obama "bem-intencionado".

Escândalos jornalísticos são transformados em denúncias diante de um tribunal midiático que se formou nas redes sociais e que, a cada dia, reivindica uma legitimidade que não tem. A mídia não equivale à Lei, muito menos é sucessora das Primeiras Locuções, mesmo que se posicione como se fosse. Inclusive o "como se fosse" tornou-se o princípio norteador dessa sociedade que se movimenta e se constitui através de um sujeito que é adicto a altas doses de excitação, mas que não se pensa, como os deuses. Por negar suas contradições e faltar-lhe recursos para lidar com elas, tal sujeito precisa encontrar maneiras de expurgar suas culpas e exorcizar suas angústias, sem que qualquer elaboração precise ser feita. Ele sente e age, ponto.

Noga nos leva a perceber o quanto a supremacia individualista vigente nas redes sociais é impulsiva e age de acordo com os preceitos do "politicamente correto", transformando-os em uma armadura narcísica usada para defender-se do que problematiza a visão de mundo inventada por ela. Esse tipo de ideologia transforma o público em privado, bem como decreta sua rendição a ele. O sujeito que emerge desse estado de coisas alimenta-se de tudo aquilo que sirva para deixá-lo excitado e, para tanto, lança mão das causas sociais e da permissividade em relação a si mesmo.

Manipulado, eufórico e dissociado da Natureza, esse sujeito toma a diversidade como sua bandeira, mas a destrói diariamente por intermédio de rompantes narcísicos: diverso é aquele que pensa igual a mim e que, como eu, é uma vítima do mundo a ser ressarcida por ela. Para que a sociedade atual possa manter o conjunto de crenças que sustenta o "politicamente correto", um sujeito que pensa dessa maneira é necessário a ela.

Em seus textos, Sklar nos permite ver que a sociedade do "politicamente correto" é uma nova forma de absolutismo e, por conta disso, nela o simbólico é atacado de todas as formas, com o intuito de desvinculá-lo da materialidade do mundo. Se existe materialidade no mundo, ela deverá emergir do sentir. Por essa razão, os limites impostos pelo simbólico são negligenciados, favorecendo que fantasia e realidade se misturem, se revezem ou se tornem uma coisa só. Para o sujeito contemporâneo, a concepção de Natureza é o argumento mais retrógrado que existe para falar sobre o que o constitui, "um legado do século XVIII que precisa ser desconstruído". Sem Natureza, surge um sujeito sem corpo, que precisa de um corpo para fazer valer o que sente. Contudo, aquele que nega o corpo precisará dele para dizer-se homem ou mulher. Depois que retirou os seios e implantou uma prótese peniana, um determinado sujeito diz que se sente agora como homem. E eu que havia pensado que o corpo era um herdeiro reacionário

de uma Biologia decadente, originária do século passado...
Mas o corpo sobre o qual se fala nos dias de hoje é de outra
ordem, uma mixagem entre técnica, prótese, intervenção e
carne humana: nasce o *cyborg*, ou transexual. É o homem
fazendo o homem à imagem e semelhança da ideologia da
hora. Esses novos consumidores, porém, dependerão das
próteses e dos hormônios para manterem-se sendo o que
sentem ser.

Por outro lado, vale lembrar que, nas sociedades tradicionais, os acidentes naturais que constituem[2] o sujeito
são transformados em marcas simbólicas, balizas em torno das quais se desenvolve a cultura na qual ele se insere.
Sem elas, uma cultura não se funda nem sobrevive. Negar
esses acidentes é procrastinar a *res* pública, ou ainda, tudo
aquilo que é comum a todos, às custas da ânsia pelo "novo"
fabricado que, para sê-lo, reivindica paridade com o que é
antigo e conservador, a exemplo do homem, branco e heterossexual — que, ao mesmo tempo que é atacado, serve
de parâmetro para o que deve ser reivindicado pelo "politicamente correto".

Nos dias de hoje, o sujeito ficou sem as ferramentas
necessárias para criar novas maneiras de compreender a
si e o mundo, passando a ser um mero reprodutor dos códigos estabelecidos pela sociedade cujo deus é o politicamente correto. Sem acesso às marcas simbólicas oriundas
da própria experiência, o sujeito compra no mercado os
códigos que, supõe, lhe trarão visibilidade, veiculados diariamente pela mídia.

Vale lembrar que a ciência avançou em função da
problematização do que está posto, sem negar ou prescin-
dir do que antecede a invenção de um novo paradigma.

---

2 A exemplo do sexo, cabelo, pele, família, tudo aquilo que lhe é dado e que ele não
escolhe, mas que lhe confere o primeiro esboço em torno do qual ele formará uma
ideia sobre si.

A sociedade de hoje não tem mais um paradigma comum que articule diferentes tipos de sujeitos que fazem parte dela. O sujeito só existe se inserido em grupos que partilham os mesmos códigos. Distinto do "politicamente correto", em ciência o "novo" não nega o que existiu, mas contesta os princípios sobre os quais um entendimento se formou e promove a construção de um outro paradigma que será partilhado por todos. A ciência sabe que tem limites, mas as ideologias contemporâneas do politicamente correto, não. Na medida em que Noga questiona a cultura do consenso, sobre a qual se assenta o "politicamente correto", resgata um modo de pensar que não se sustenta em certezas ou dogmas, mas que, ao contestar o que está posto, liberta o pensamento para superar a si mesmo.

A cultura do "politicamente correto" perdeu consistência quando abriu mão da investigação e da busca por argumentos sólidos para abordar os temas que lhe interessa. Ao substituir essa empreitada, mantendo-se por meio da promoção de uma cultura da discussão na qual qualquer um pode falar sobre o que quiser, defendendo uma opinião como se fosse verdade, as discussões, sem o benefício da dúvida, tornaram-se pensamentos vazios e de superfície. Desse cenário passional, surgiu um emaranhado de opiniões confusas e contraditórias que se multiplicam dentro das redes sociais que, para sobreviverem, precisam tornar alguém um inimigo a ser combatido. Na América, Donald Trump é a bola da vez. Haja vista que o "politicamente correto", enquanto se apresenta como o porta-voz da justiça social, promotor do Bem e defensor dos direitos humanos e das democracias, muitas vezes usa cada uma destas prerrogativas para acobertar um conjunto de perversões escondido por trás das boas intenções. Aliás, o que não falta nos dias de hoje são pessoas "bem-intencionadas" fazendo mal a muita gente.

Noga nos permite ver que o "homem-branco-heterossexual" é considerado um dos principais inimigos do "politicamente correto". Assim como ele, existem outros que o leitor poderá identificar na medida em que avança na leitura do livro. Fatos ocorridos no Brasil, Estados Unidos, Canadá, Inglaterra, e que viraram notícia, foram contemplados pela autora que, com ótimos argumentos e uma escrita fluente, põe por terra a hegemonia de pensamentos sobre os quais se assenta uma sociedade permissiva e que se autonomeia contemporânea.

Rio de Janeiro, março de 2018

As damas de preto

Ando um pouco enjoada dos exageros ativistas de Hollywood. De uns tempos para cá (ou talvez tenha sido sempre assim), cada atriz/ ator que sobe ao palco de um prêmio qualquer ou outro palco qualquer da vida se acha na obrigação de emitir um julgamento político ou adotar alguma causa nobre, independente, muitas vezes, de sua real capacidade de entendimento do mundo.

Desde quando a nossa sociedade e sua intelectualidade em queda passaram a se deixar dominar pelas opiniões dessas celebridades mimadas e milionárias? Fazer sucesso num filme sabe-se lá por quais razões — entre elas "fingir que é dor a dor que deveras sente" — não as torna inteligentes nem mais perspicazes. E lá se vai nossa racionalidade pelo ralo abaixo.

Essa situação esteve no auge ontem à noite, no palco do Golden Globe 2018, quando o simples fato de estar vestindo um pretinho básico (ou não tão básico assim) se transformou numa declaração de princípios.

A escolha pelo preto, vamos combinar, juntou a fome à vontade de comer, já que o preto sempre foi uma cor favorita quando se trata de vestidos de gala, mas não, longe de mim tentar diminuir a revolta das privilegiadas, que, finalmente, acharam um motivo convincente para serem vistas como vítimas da crueldade do sistema. O protesto teria sido de outra categoria se estivessem todas vestindo branco, ou roxo, por exemplo.

Outra coisa que me incomodou, embora eu já tenha reclamado dos figurinos provocativos antes, foi uma certa tendência a eliminar decotes, brilhos e transparências, embora em alguns casos tais características tenham persistido. Susan Sarandon, por exemplo, parecia estar saindo de uma faxina em casa e indo ao supermercado. Já a premiada Elisabeth Moss, de "The Handmaid's Tale", parecia uma freira, e Frances McDormand exagerou em sua opção por "encarar a idade de frente". Precisava estar tão despojada assim? Com o cabelo sem graça e sem nem um batonzinho? A líder dos protestos Salma Hayek estava coberta de preto da cabeça aos pés, sem deixar um centímetro de pele à vista.

Tenho medo de que, com esse movimento #MeToo (agora acrescido de mais um slogan, "Time's Up", ou "O tempo acabou"), estejamos eliminando não só o prazer de dar aos homens um prazer visual, mas também o nosso prazer com nossa própria aparência. É como se, para castigá-los, estivéssemos castigando a nós mesmas. Quem gostaria de viver num mundo sem sensualidade, sem desafios estéticos, sem a busca pela beleza? Embora eu condene, é claro, os exageros do outro lado, que nos levam a dietas radicais e plásticas malucas como essa sobre a qual li no outro dia, feita na cadeira do dentista, que elimina a gordura das bochechas. Será que não somos capazes de trilhar um caminho do meio?

Ah, sim, os filmes. Tratava-se, afinal de contas, do primeiro evento da temporada de prêmios de 2018, após o furacão das denúncias de assédio que devastou a indústria da vaid... ops, cinematográfica.

A verdade é que ainda não assisti a muita coisa entre os filmes nomeados. Ontem à noite, por coincidência, logo depois que Seth Myers mencionou o filme, deixei a transmissão do Globe gravando e assisti na HBO ao esquisitíssimo "Get Out", uma mistura de terror supremacista com um racismo pelo avesso, no qual os negros são considerados como "estando na moda", mas não do jeito positivo que vocês possam estar pensando. Bem a propósito, algumas das mais badaladas celebridades compareceram ao evento trazendo a tiracolo suas "ativistas de estimação", uma nova tendência em Hollywood, ao que parece.

Por falar nisso, a única característica de moda que curti ontem à noite foi o fato de atrizes negras estarem adotando novamente seus espetaculares penteados afro, que sempre achei lindos. Detesto essa mania de alisamentos, sempre detestei, não importa a cor da pele nem a textura do cabelo. Até mesmo a excelente Viola Davis, que não se pode dizer exatamente que prime pela beleza, ficou linda com o novo cabelão.

Voltando a "Get Out". O filme parte de uma premissa meio absurda, mas tem boas atuações, entre elas a do próprio protagonista, Daniel Kaluuya, escalado, por sua negritude moderna, para o papel de um fotógrafo descolado — trata-se, simplesmente, de uma constatação de uma sociedade que, embora viva se mortificando por seu racismo, dá aos negros oportunidades iguais de subir na vida, a não ser que sejam impedidos de fazê-lo não pela cor de sua pele, mas por causa das circunstâncias desfavoráveis nas quais podem ter sido criados, como, aliás, acontece aqui nos EUA com muitos brancos também. Essa insistência de que "ser branco é ser privilegiado" é, na verdade, uma falácia que tem causado sofrimento a muitos brancos carentes, coisa não tão rara por aqui.

Kaluuya, por falar nisso, não levou o Globo de Ouro, concedido ao "instável" James Franco, o "artista do desastre" (para quem não assistiu, como eu, é o nome do filme pelo qual foi premiado). Franco, por sinal (e por ironia), foi acusado de assédio por duas mulheres na manhã seguinte, pois é, vingança é uma iguaria que sempre se come fria.

Natalie Portman, que também é diretora, não perdeu a oportunidade de reclamar que todos os candidatos a melhor diretor eram homens. Coincidência. Afinal de contas, o prêmio de melhor filme foi para o simpático "Lady Bird", que ainda não pude assistir, dirigido por uma mulher, Greta Gerwig, também autora do script e mais conhecida por seu trabalho como atriz.

E aí chegamos ao prêmio que mais curti ontem à noite, embora tampouco tenha visto a atriz em ação: o de melhor atriz concedido à iluminada Saoirse Ronan, a quem acompanho desde sua estreia no excelente "Reparação" (2007), baseado no portentoso romance de Ian McEwan de mesmo nome, quando tinha apenas 13 anos.

Tomara que tenhamos a oportunidade de vê-la em muitas atuações excelentes, e que Ronan saiba dosar com sabedoria seu trabalho de atriz e a necessidade premente de se posicionar politicamente, coisa que, aliás, ela não fez ontem à noite, com exceção do seu pretinho nem um pouco básico.

Ah, vocês perceberam que não ressaltei o "grande manifesto político" da noite, o lançamento não oficial da candidatura de Oprah Winfrey à presidência dos Estados Unidos. Logo após o discurso da apresentadora, que recebeu o prêmio Cecil B. de Mille por sua contribuição ao mundo do entretenimento, a NBC publicou um tuíte nomeando Oprah "a próxima presidente". O ultraje foi geral. Ninguém gostou da ideia, nem eu, e um dos leitores comentou no Twitter que se sentia "muito desconfortável" pela mídia estar decidindo quem será o próximo presidente sem escutar o povo, o que, para ele, configurou um ataque à democracia.

Não terá sido o único nesses tempos conturbados, em que a mídia, deslocada de seu papel tradicional de investigar e informar a verdade, vem cada vez mais cedendo à tentação de manipular a opinião e publicar qualquer versão sensacionalista em busca dos lucrativos cliques, com acentuado descaso pela supremacia dos fatos.

A CAÇA DAS BRUXAS

Vou logo esclarecer que não tenho nada contra nem a favor desse candidato republicano a senador pelo Alabama, Roy Moore, nem sequer simpatizo com ele. Mas não me custa entender por que os republicanos e o próprio presidente Trump decidiram, ontem à tarde, endossá-lo na corrida eleitoral que se encerra semana que vem.

Não é para menos. Um republicano a menos no Senado seria mortal para Trump, e, vamos combinar, vital para o sucesso do obstrucionismo democrata. Mesmo assim, visto de fora, parece um apoio de "alto risco", já que Roy Moore vem sendo acusado de assédio e má conduta sexual, o "crime" do momento, e elegê-lo para a câmara legislativa mais importante do país poderia parecer, para o povo em geral, uma estratégia suicida.

Porém, basta pensar um pouco, e observar um pouco, para ver que as acusações contra Moore não chegaram muito longe. O dublê de juiz e candidato está sendo acusado por uma mulher de tê-la assediado quando ele tinha 30 anos, e ela, 15. No Alabama, *of all places*, e há 30 anos.

Vocês sabem o que é o Alabama? Sabem o que era o Alabama há 30 anos?

Ontem, sob declarações bombásticas, a acusadora (vocês já verão por que não posso escrever "vítima") adicionou novas (e únicas) provas ao caso. Olhando "distraidamente" para uma lata de lixo no quintal de sua casa, Debbie Gibson se "lembrou" de repente de ter jogado fora lá dentro o seu *scrapbook* da adolescência, intitulado "Pessoas que admiro", e no tal *scrapbook*, imaginem, crime dos crimes, estava a prova cabal da falta de moral de Moore, uma foto com a seguinte dedicatória manuscrita: "Querida Debbie, eu quis te enviar este cartão eu mesmo para que você saiba que terá sucesso em tudo o que desejar nesta vida". Inclusive destruir a vida do futuro juiz... Não é?

Só que... logo abaixo da dedicatória sem nenhum toque sensual ou invocativo, lê-se o seguinte, desta feita manuscrito pela própria Debbie: "Roy Moore é uma inspiração para mim, porque é um sucesso ele mesmo, em tudo o que faz (...)."

É. As coisas mudam. E mudaram também no Alabama, onde, há 30 anos, um rapaz solteiro de 30 anos cortejando uma menina de 15 "já formada" não seria motivo para tanto espanto. Quantos casamentos se realizaram com essa diferença de idade? Além do que, a própria Debbie informa, em meio a contradições, que Moore a beijou e que foi "consensual". Não tenho dúvidas de que, na época, a menina se sentiu o ó do bobó por ser alvo de atenções do rapaz mais velho.

Outras duas moças, ao que parece, se apressaram em apresentar ao *Washington Post* "provas da perversão" de Moore, dedicatórias igualmente carinhosas e sem nenhum tom sexual. Voltando à Debbie, a acusadora principal, a moça mostra a anotação eivada de orgulho em seu *scrapbook* de 1981: "Quarta-feira, 3 de abril. Esta noite Roy S. Moore e eu saímos juntos pela primeira vez. Fomos jantar na Cat Cabin em Albertville, e comemos um <u>excelente</u> (grifo no original, resto ilegível). Parece assédio para vocês? Ou o relato de uma adolescente deslumbrada, namorando com o consentimento de seus pais?

Não sei o que os dois comeram naquela noite. Sei que o prato que Debbie Gibson está servindo a Moore neste momento está mais do que frio, está gelado. Talvez seja uma vingança bem atrasada, por Moore, no final, ter se casado com outra, dispensando a ressentida Debbie — uma história que, posso imaginar, deve estar se repetindo com algumas variações na vida destruída de muitos homens acusados.

Não acho correto que homens tenham poder e ascendência sobre as mulheres, obviamente. Isso, porém, hoje em dia, num momento em que as mulheres não somente estão pleiteando igualdade, mas também poder e controle sobre suas carreiras e sobre seus corpos (cá entre nós, nunca deixei de sentir que tinha controle absoluto sobre o meu corpo, enfim). Porém, usarmos nossos corpos como instrumento de vingança e punição política não me parece a coisa mais certa a fazer, embora atitudes deste calibre estejam sendo incensadas pela mídia e resultando em punições sumárias, sem julgamento e sem provas, o que, francamente, nos faz merecer plenamente o apelido de "bruxas".

NOSSA LIBERDADE ALTAMENTE VIGIADA

Se vocês leem o que eu escrevo, devem ter notado que esta semana mudei um pouco meu tom, aqui e no Facebook.

Vou explicar.

É que atingi um limite, gente! Tá certo que tem muita coisa errada neste mundo, inclusive comentários racistas, homofóbicos e contra a diversidade, abuso sexual de mulheres indefesas, abuso sexual de mulheres ponto, e até mesmo, pasmem, "negadores do holocausto" (inclui esta última para vocês entenderem direitinho a minha posição).

Mas não estou mais aguentando toda esta gente sendo acusada e condenada sem nenhum *due process*, como se diz aqui nos Estados Unidos. Gente sendo demitida sumariamente (como tem gente dizendo, não vai sobrar ninguém), tanto por assédio quanto por ter emitido um comentário inadequado NA INTIMIDADE, é, porque não tem mais esse negócio de intimidade, todas as nossas ações e reflexões e cagadas agora são 100% públicas.

Não pode dar certo. Para nem mencionar que basta um desafeto do passado despejar sua vingança no seio da mídia sedenta de cliques para liquidar com a vida do detestado.

Pô. Peraí.

Todo mundo emite seu putaquipariuzinho no silêncio de suas casas ao dar uma martelada no dedo, é ou não é?

Mas agora não pode mais. Todo mundo tem que andar na linha, e ainda por cima, compactuar com coisas ridículas como esses homens vestidos de mulher dizendo que são na verdade uma mulher porque se "sentem assim".

Pois eu me sinto "revoltada" no momento, estão entendendo?

Por exemplo, uma tal socialite aí que emitiu um comentário racista sobre a menininha adotada pelo casal de artistas. O pai (ops, tive que fazer um esforço para não colocar "pai" entre aspas) foi à delegacia, fez um escândalo e disse que vai botar a tal socialite atrás das grades, *mesmo que ela não more no Brasil,* e que a filha é "apenas uma criança". Ele está certo nesta última: trata-se apenas de uma menininha, mas a verdade é que o pai dela está "causando" para fazer sucesso na mídia. A tal socialite pode ser uma idiota, mas criminosa ela não é, e a criança não deve estar nem aí. Já o pai fazendo escândalo está ampliando a *"pain in the ass"*, multiplicando e eternizando a ofensa à sua filha pela exposição exacerbada na mídia. Daqui a 30 anos, quando a menina for adulta, não vai ser capaz de esquecer a tal ofensa.

Além do mais, se formos encarcerar todos os idiotas deste mundo, não vai ter cadeia que chegue, não é mesmo?

Por outro lado, se formos demitir todos os homens que no passado deram uma passada de mão exagerada na bunda de uma colega ou subordinada, não vai sobrar homem empregado! Queremos isso? Um mundo onde a moralidade exacerbada está obrigando todo mundo, não apenas a se comportar, mas também a mentir o tempo todo? Porque, vamos admitir, todos nós temos nossas falhas.

Eu não ia tocar no assunto, mas depois da LGBTzada exacerbada dessa semana fiquei verdadeiramente irritada, então vou contar uma história. Quando eu era mais nova, tive um namorado preto. Ele era psicólogo, muito bonito, eu até contei a história em um de meus livros anteriores, acredito.

O romance durou pouco. O rapaz não queria que fôssemos vistos juntos em público, e eu na verdade fazia questão disso. Então, quem seria o racista no caso? Meus amigos, todos gente fina, todos unânimes em me criticar, não pouparam esforços para nos intimidar. Meu analista, a quem eu adorava, a certa altura me perguntou se eu "estava me protegendo", porque certamente "eu não iria querer ter um filho" com o rapaz de outra cor.

Nem vou gastar meu tempo para comentar que me lembrei no outro dia de ter sido "assediada" pela Vera, minha chefe homossexual quando trabalhava como estagiária no escritório do Harry Cole, em 1975. Foi chato, mas eu disse para a moça que não era a minha praia e acabou-se a história. Por que não podemos mais lidar como adultos com os nossos problemas, e temos que levar tudo para o Twitter ou para a mídia "progressista"?

Não dá para entender.

Para mim, é tudo normal, não tem essa coisa de racismo e nem muito menos de homofobia. Mas, como a maioria dos brancos heterossexuais, hoje tidos em princípio como as piores pessoas do mundo até que seja provado o contrário, e muito a duras penas, estou incomodada com essa imposição de pessoas de "gênero incerto" tendo que ser respeitadas em suas peculiaridades — em outras palavras, em suas assunções ridículas. Tenho até feito um "teste de acuidade" para me distrair: olho as fotos de pessoas sendo divulgadas pela mídia, ou pela rede social, e vejo um homem fingindo que é mulher. Não erro uma! Outro dia, imaginem, "captei" uma modelo "transgênero" num editorial da Zara! Vendendo roupa de mulher no site da empresa, acreditem.

Estão fazendo de um tudo para que a gente acredite que isso é normal.

Não é. É maluquice.

Fico me policiando o tempo todo porque, no passado, há mais de 30 anos, tive um melhor amigo gay por muitos e muitos anos e não gostaria de ofendê-lo. Na verdade, esse amigo gay foi meu namorado, e fui apaixonada por ele por dolorosos dez anos, portanto sei uma coisa ou duas sobre homossexuais. Para nem mencionar que a certa altura uns 90% dos amigos que eu cultivava na nossa "turma de artistas" eram homossexuais, homens ou mulheres, então essa coisa de me sentir "uma estranha no ninho" não é nova para mim.

Mas vamos botar os pingos nos iis: homossexuais e outras variações do tema são minoria, não a regra. São gente como todo mundo, têm os mesmos direitos, dores e pensamentos, pecaminosos ou não, mas não têm o direito de nos impor suas manias, sejam quais forem, nem de nos condenar por dizer o que pensamos. Já conquistaram seus direitos que no passado lhes eram absurdamente negados. E pronto, acabou. Por que não se calam?

Enfim, a conclusão é a seguinte: com nossas suposições malucas e malabarismos para conceder a todos a mesma liberdade e um *status* de igualdade, estamos nos transformando a todos em doidos doentes altamente vigiados.

Está atingindo as raias do insuportável, e isso inclui o pedido de prisão para a ofensora da menininha, o fechamento da exposição de arte em Porto Alegre, a demissão dos abusadores sexuais que nunca cometeram estupro (que é crime punível por lei) e a obrigatoriedade legal de se acreditar que homem é mulher e vice-versa.

Tudo que é demais, como sabemos, acaba desembocando no seu contrário. E isso está começando a nos acontecer.

A gota d'água, para mim, foi o arcebispo anglicano "rezando" para que o Príncipe George, neto de 4 anos da Rainha Elizabeth, seja gay. Caramba! Trata-se apenas de uma criança! E apesar de tudo que vemos e escutamos, duvido muito de que os pais de George, e talvez o próprio George, exultassem por ter um filho gay, ou por ser gay. Isso, vamos combinar, não constitui motivo de orgulho, embora tampouco deva constituir motivo de vergonha ou outra coisa qualquer. Trata-se apenas de um fato da natureza, ou, sei lá, de uma característica de comportamento.

Caso contrário, estaremos regredindo à ignorância de certas tribos indígenas de antigamente, que consideravam seus homossexuais ou hermafroditas como "deuses". Mas ah, vou acabar sendo presa por "me apropriar" da sabedoria indígena e ainda fazer pouco, ao mesmo tempo, dos índios e dos gays.

Danem-se.

Só quero ter a liberdade de dizer o que penso e sinto, e se não fosse metida a escritora, vocês jamais saberiam de nada disso, porque a intimidade de uma pessoa só a ela pertence, no máximo a seus pais, filhos ou companheiro.

Preferir ser branca e heterossexual não faz de mim uma pessoa ruim. E ainda nem comecei a declarar que "tenho orgulho de ser judia" e não entendo o "endeusamento" dos muçulmanos pelos politicamente corretos.

Basta.

Em tempo, dificilmente um governo, ou comitê, ou seja lá o que for, constituído exclusivamente de gente "*queer*" como agora existe na Inglaterra será representativo da humanidade. Por falar nisso, fui conferir o "fofurômetro" da menininha brasileira, Titi Gagliasso, e posso afirmar que nunca vi uma exploração de imagem de criança tão intensa como essa, para nem mencionar a sexualização da menina, mas aí vou ter que abordar também a educação sexual nas escolas com ênfase no transgenerismo e o "tratamento" de crianças de até 5 anos de idade vítimas de "disforia de gênero". Isso sim, é criminoso de verdade.

Pronto. Escrevi.

Autofagia revolucionária
a queda do(s) ícone(s) que nem estão no passado

Ele podia ter morrido, podia ter se aposentado por tempo de serviço... mas acabou demitido por conta de mais um grande escândalo sexual.

Sim, estou falando de Charlie Rose, um ícone da mídia americana demitido esta semana pela CBS, PBS e Bloomberg, canais onde mantinha programas produzidos por ele mesmo e nos quais se apresentava como o "porta--voz" do progressismo liberal, ácido crítico de Donald Trump e partidário de Hillary Clinton, contra quem nunca o ouvi emitir um "ai", apesar do acúmulo de evidências de decadência moral e corrupção deslavada em torno da ex--candidata a presidente dos Estados Unidos.

Charlie Rose tinha, ops, tem 75 anos de idade, e seu programa de entrevistas estava no ar há 25 anos. Recentemente, passou por uma séria cirurgia cardíaca para substituir um marca-passo e ficou fora do ar por uns três meses seguidos. Poderia não ter voltado, mas voltou, com sua fala mansa e sorriso "iluminado", para ser humilhado e defenestrado. Rose foi acusado de assédio sexual por oito mulheres e de desfilar nu diante delas, naquilo que se convencionou chamar de "truque do chuveiro".

Chocante. E como tem sido comum nessa onda de denúncias de assédio, "todo mundo" sabia o que acontecia nos bastidores da vida de Charlie, mas ninguém se arriscava a reclamar. Certa vez, respondendo à queixa de uma "assediada", a produtora do entrevistador disse que se tratava apenas de "Charlie sendo Charlie".

Ninguém está aqui para defender que esse lamentável estado de coisas continue vigorando no mundo da mídia e da política americana. Mas tendo em vista o futuro da nossa sociedade e das nossas instituições, até anteontem tão honradas e respeitadas, seria preciso estipular o que é assédio e o que é (ou era) traço de cultura. Esta semana, por exemplo, um deputado democrata negro de 85 anos de idade, há 50 anos no Congresso americano, foi acusado de "pegar na mão de uma assistente, tocar seu ombro e beijá-la na testa" com indesejada frequência. Era outro ícone, festejado publicamente por Barack Obama. Mais um que poderia ter morrido, ter se aposentado... mas acabou humilhado por conta de um grande escândalo sexual.

Os escândalos se sucedem. E são tantos e tão divulgados que é preciso resistir à tentação de afirmar que tudo isso não passa de uma sociedade em processo de mudança, na qual, queiram ou não, o poder masculino e o assédio a companheiras de trabalho do sexo feminino foram a norma por muito tempo.

Assim, com raras exceções, entre elas o assediador em série Harvey Weinstein, não se trata de criminosos, mas de homens nascidos e educados em outra época e com outra mentalidade. Não é o caso de manter silêncio sobre seus hábitos, mas tampouco deveríamos condená-los ao ostracismo completo por "crimes" que não são crimes, apenas dores de parto de uma "nova sociedade", quiçá mais inclusiva e igualitária. Mas não é para isso que estamos caminhando, eu acho, e sim para uma "sociedade extremamente vigiada". Lamentavelmente.

Enquanto isso, no Brasil, nossos "ícones políticos" da vida inteira estão tombando um a um, o que também é de certa forma surpreendente. Hoje, por exemplo, foi o caso dos detestáveis Garotinho e Rosinha, que, cá entre nós, sempre soubemos que eram corruptos. Mas são tantos os casos que temos a tentação de encará-los não como criminosos, e sim como membros de uma sociedade em que seu *modus operandi* era apenas a norma. Vamos combinar, nunca pensaram que seriam pegos e condenados; afinal de contas, o mundo da política "foi sempre assim" no Brasil. Quem restará para nos governar?

Juntando dois mais dois, dá para a gente perceber que a sociedade como um todo, sei lá por que, começou de uma hora para outra a enfrentar um expurgo generalizado neste ano bendito de 2017.

Tudo bem. Pode ser que depois da limpeza tudo atinja uma nova estabilidade, e então nos veremos vivendo numa sociedade mais justa. Pode ser. Porém, enquanto essa bênção não vem, estaremos fadados a lidar com ausências de níveis variados. Ninguém sentirá saudade do casal Garotinho, posso apostar. Mas Charlie Rose, com assédio ou sem, conduziu algumas das entrevistas mais marcantes a que já assisti. Embora seja verdade que, ultimamente, vinha sendo limitado por um crescente posicionamento político, que o fazia fechar as portas para o pensamento mais conservador que movimenta ao menos metade da nossa sociedade.

Charlie Rose vai fazer muita falta. Resta imaginar que ele tenha, simplesmente, morrido de repente, e após o "luto", acabará sendo substituído.

Peço apenas que a gente reflita, e seja um pouco mais benevolente com tantos ídolos decaídos, ou nos depararemos com um imenso vazio. Com todos os seus defeitos, manias e preconceitos, a "velha guarda" da nossa sociedade gozava (desculpem aí o involuntário trocadilho) de um intelecto e de uma capacidade de análise que não me parece ter equivalente nas gerações mais jovens (estou falando da mídia tradicional americana, não de políticos brasileiros corruptos, obviamente). Mas me sinto assim, com certeza, porque também estou envelhecendo, temendo que não saberei viver sem as instituições às quais estou acostumada.

Deveríamos, talvez, instituir em nossa sociedade eterna e rapidamente mutante uma nova "Montanha de Narayama". O problema disso tudo é que estamos vivendo muito, demais, talvez. Em todo o caso, o suficiente para ver nossos "ídolos" que não morreram de overdose finalmente condenados pela voracidade moral da impiedosa e sempre alerta rede social.

Só Deus sabe aonde iremos parar. E como Deus não existe... Rezemos para que, ao menos, nossos instintos sexuais sejam mantidos intactos, embora domesticados, e que não nos transformemos numa sociedade de "gêneros diversificados", e também "fabricados", alheia à sua própria necessidade de reprodução e sobrevivência.

Como diz o ditado zen, "em tudo é preciso moderação". E neste momento de (falta de) reflexão, de luta renhida entre o desejo de inclusão e a sanha de destruição de "tudo isso que está aí", estou pagando para ver o que restará da nossa velha geração revolucionária, que está, finalmente, devorando a si mesma, vítima de suas próprias palavras de ordem e de seus próprios projetos inovadores, progressistas e libertadores.

2017: O ANO DE TRUMP

Tenho visto muito esforço da mídia no sentido de detectar o "tema" do ano que ora termina, e um esforço ainda maior para nomeá-lo "o ano da mulher".

Poderia fazer sentido. O ano começou, se vocês se lembram — não custa lembrar que este texto é uma "retrospectiva" —, com uma passeata de mais de um milhão de mulheres em Washington, protestando contra o recém-empossado Donald Trump — a passeata foi no dia seguinte à posse do presidente, no dia 21 de janeiro.

A ideia era apresentar o novo titular da Casa Branca como racista, misógino e, claro, abusador de mulheres, depois da tentativa de derrubar sua candidatura com uma gravação clandestina de 2005, na qual o candidato declarava que fazia o que queria com as mulheres porque era famoso, e que as agarrava pela... hum. Xoxota.

Não deu muito certo. Apesar das acusações e denúncias, nada foi provado contra Trump, e ele acabou vencendo as eleições de qualquer maneira, como todo mundo sabe.

Porém, o que ninguém percebeu na época é que a Caixa de Pandora tinha sido aberta, e uma vez que os males lá de dentro começaram a sair, bem, não haveria como colocá-los de volta.

Os diabinhos custaram um pouco a perceber que estavam livres, é verdade. Mas, finalmente, no início de outubro, o demônio mor botou as garras para fora, com o grande escândalo do magnata de Hollywood, Harvey Weinstein, que foi desmascarado pela revista *New Yorker* como um "predador em série", em artigo escrito pelo filho de Woody Allen, Ronan Farrow.

Não sobrou pedra sobre pedra. Muitas reputações inatacáveis foram destruídas da noite para o dia, e até hoje o fluxo de mulheres denunciando abusos, passados e quase presentes, ainda não arrefeceu. O que começou em janeiro com os "gorros de xoxota" ["*pussy hats*"] cor-de-rosa e declarações provocativas do tipo "*I am a nasty woman*" [Sou uma mulher desagradável], emitida ao microfone pela atriz Ashley Judd, mais as ameaças de Madonna, que queria "botar fogo na Casa Branca", desembocou no tsunami #MeToo, movimento que tomou de assalto as redes sociais e convenceu todas as mulheres do mundo de que, de um jeito ou de outro, haviam em algum momento de sua vida sido vítimas de abuso sexual.

O que há de bom nisso: as mulheres estão se sentido fortalecidas e cheias de energia. O que há de ruim nisso: os homens estão acuados e desvalorizados, como se fossem todos criminosos e, pior, desnecessários para a continuidade da sociedade, do que, obviamente, discordo.

Tudo que é demais… sabem como é. Desde a semana passada, o (outrora) popular Matt Damon, com sua fachada de eterno bom moço e herói dos desprotegidos, está sendo ameaçado de "banimento social" por ter declarado que nem todo assovio e passada de mão é estupro (traduzindo livremente para nossos hábitos abaixo do Equador).

As furiosas MeToo já estão pedindo a cabeça do moço e, pior, passaram na última semana a "proibir" certas palavras, como, por exemplo "supostamente". No contexto do MeToo, isso quer dizer que todas as acusações, verificadas ou não, devem ser tomadas como verdade, simplesmente porque saem da boca das santificadas heroínas vítimas de abuso. Nenhuma denúncia pode mais ser confrontada com a ideia de que se trata, apenas, de uma suposição de abuso, sob pena de, bem, "banimento social".

O problema é que Matt Damon está coberto de razão. Em 90% dos casos, paquera não pode ser considerada estupro, e, além do mais, quem iria querer viver num mundo onde não houvesse nenhum representante do sexo masculino nos convencendo de que somos desejáveis? Ou disponível para que a gente mesma o paquerasse?

Outra candidata indiscutível a "tema do ano" é a rede social. Vamos combinar que, sem ela, não haveria #MeToo, nem, muito menos... Presidente Donald Trump. Com certeza tampouco haveria conluio com os russos, polarização política extrema, *fake news*, gente que não sabe de nada mandando nas nossas vidas etc. etc.

A sociedade pós-celular seria outra, e não se trata de exagero nem de mera impressão. Há coisa de umas duas semanas, um dos fundadores do Facebook declarou em entrevista que a rede social está alterando as relações, a cultura e o próprio tecido da sociedade, e não somente seus executivos têm total consciência disso, como exploram o fato o máximo possível, manipulando as nossas sensibilidades no sentido de nos "viciar" em curtidas e nos empurrar o que for através de seus posts algoritmizados. Inclusive as *pussy-hats* e o Presidente Donald Trump, um presidente que, obviamente, todos esses bilionários politicamente corretinhos do Vale do Silício odeiam de paixão. Paradoxo.

O que me leva, finalmente, ao verdadeiro "tema" inescapável de 2017: Donald Trump.

O presidente foi eleito, em boa parte, por sua habilidade de se comunicar nas redes sociais. Com sua fama de garanhão, Trump incentivou, desde o primeiro dia — pelo avesso, é claro —, o "ultraje" das mulheres progressistas. E, *last but not least,* com sua franqueza grosseira e intimidade com os anseios do assim chamado homem comum — a infame maioria silenciosa, aliada ao "privilégio dos brancos" —, começou a expor de uma forma que vai ficando cada vez mais patente a infecciosa corrupção que corrói o suposto bom mocismo dos progressistas, inclusive de seu campeão Barack Obama, que, a cada dia que passa, vem sendo exposto como um presidente inepto e comprometido.

Por contraste, a esquerda barulhenta não encontrou nenhuma saída para sua derrota iminente a não ser insistir na tecla de que Trump é um incapaz, burro, ignorante, maluco, senil e despreparado para "liderar o mundo livre".

Pois vejamos.

Este ano viu uma recuperação econômica poucas vezes vista na história. O índice Dow Jones da Bolsa de Nova York vem batendo recorde atrás de recorde, fechando o ano próximo dos 25.000 pontos, um explícito atestado de confiança concedido aos planos do novo presidente; e, no apagar das luzes de 2017, o governo americano aprovou um dos maiores cortes de impostos de que se tem notícia. Para as empresas, por exemplo, o percentual despencou de 35% para 21%, num corte de caráter permanente, e as pessoas físicas não ficaram muito para trás: o "desconto padrão" simplesmente dobrou, passando de 12.500 dólares por casal declarando em conjunto para 25.000 dólares, mais um desconto significativo nos percentuais das várias faixas. A promessa de transformar a complexa declaração de imposto de renda americana em um "cartão postal" ainda não saiu da gaveta, mas foi pavimentado o caminho para isso.

Bem razoável para um presidente demente, não é mesmo?

E a economia não foi tudo, estúpidos. A maior revolução, silenciosa, sendo perpetrada por Trump na sociedade americana — que, nos últimos 50 anos, vem sendo esgarçada pelo ideário progressista —, está sendo urdida no sistema judiciário. O sinal mais visível desse processo foi a nomeação do juiz Neil Gorsuch para a Suprema Corte, em abril, aumentando substancialmente a "pegada" conservadora do judiciário americano, que, em última instância, é quem manda neste país que é considerado o "império da lei". Mas Trump não parou por aí, e seu recorde mais expressivo até agora foi o número de juízes federais que o presidente nomeou em seu primeiro ano de governo. Meio na surdina, foram 19 já aprovados pelo Senado e 50 já nomeados aguardando aprovação.

É preciso ser pelo menos "metade americano" para entender a importância dessa "invasão" de conservadorismo no judiciário. Afinal de contas, trata-se de juízes em geral razoavelmente jovens, que, com seus cargos vitalícios, poderão influenciar os rumos da sociedade pelos próximos 40 anos. Uma geração inteira!

Nada mal para um presidente que passa o dia inteiro escrevendo impropérios no Twitter, não é mesmo?

Pois é. Imaginem que o tão festejado e propagado "legado" de Obama foi praticamente defenestrado por umas poucas canetadas de Trump... Boa parte do avanço obtido pelo ex-presidente, notadamente nos campos da proteção ao meio ambiente, alterações climáticas, direitos dos transgêneros e incentivo à diversidade — eufemismo progressista para imigração ilegal — foi instituído no país através de decretos presidenciais, que, infelizmente para ele, podem ser desfeitos com a mesma canetada com que foram aprovados, e Trump não está deixando barato: em seu primeiro ano, desfez mais de 50 decretos presidenciais de Obama. A longa lista foi atualizada na semana passada pelo *Washington Post*, incluindo o cancelamento da obrigação das forças armadas de bancar cirurgias e tratamentos de mudança de sexo. E ainda tem mais: a partir da mais recente Estratégia de Segurança Nacional, as "alterações climáticas" deixaram de ser oficialmente "a maior ameaça aos Estados Unidos".

Claro que um não político como Donald Trump deixa um rastro obrigatório de polêmicas e atitudes no mínimo controversas, e isso inclui a "provocação" à Coreia do Norte, explico as aspas: a verdadeira provocação vem de Kim Jong-un, o *"rocket man"*, de acordo com a mania de Trump de dar apelidos a seus desafetos. Por outro lado, o presidente faz sempre questão de ressaltar suas boas relações pessoais com Xi Jinping, o sorridente presidente--ditador da China, e deu um passo diplomático gigantesco com sua visita à Arábia Saudita em maio, onde participou de um encontro de líderes árabes (e, cá entre nós, deu uma mãozona para colocar no poder o Príncipe Salman, que promete modernizar o país e abri-lo para o Ocidente), para nem mencionar que o "estado islâmico", vulgo ISIS, está arrasado, quase para se tornar uma praga do passado.

Nada mal para um brucutu sem o menor refinamento internacional, que jamais deveria ter sido autorizado a sequer se aproximar do "botão nuclear", caso dependesse de sua arquirrival Hillary Clinton.

E a cereja do bolo, é claro, deixei para o final: o reconhecimento pelos Estados Unidos de Jerusalém como capital de Israel. Muita gente boa deplorou a decisão "arriscada" do presidente de reafirmar, com todas as letras, uma realidade da qual, ao que parece, ninguém tinha a menor dúvida. Cheguei a ler um progressista aí que declarou que não entendia por que Trump precisava fazer isso, já que todo mundo sabia que a capital era essa mesmo. Então o quê? O melhor seria continuar com a hipocrisia?

Confesso: vibrei nesse dia. E por mais que os fracassados progressistas tenham tentado nos convencer de que o ato insano e desnecessário de Trump seria a pá de cal no processo de paz do Oriente Médio, a verdade é que, após uns poucos breves protestos, nada, absolutamente nada de mal aconteceu. O esperado apocalipse não ocorreu. Na semana passada, a Assembleia Geral da ONU, reunida em sessão de "emergência", condenou a declaração americana, provocando uma reação inusitada da embaixadora Nikki Haley, que, apoiada por um tuíte do chefe publicado poucas horas antes, disse basicamente o seguinte: "Façam o que quiserem. Isso não vai mudar absolutamente nada". Dizem as boas línguas que por trás de suas palavras havia a ameaça de parar de dar dinheiro para uma organização internacional que, nos últimos anos, se tornou o órgão oficial das resoluções contra Israel. Danem-se.

Com tudo isso, pergunto: seria possível evitar nomear o ano de 2017 como o "Ano de Trump"?

Não dá! Para todo lado que se olhe, de um jeito ou de outro, lá está a marca indelével do novo presidente americano, que, caso precisasse ser resumido numa só frase, esta seria "o fim da hipocrisia".

VICIADOS EM ESCÂNDALOS

Desesperada porque o curso inabalável dos aconteci-mentos vem tomando o espaço da necessária e ines-capável militância, a mídia, invadida nos últimos dias por relatos pungentes relativos ao "porco de Hollywood", mais recente sucesso de cliques da claque liberal, vem tentando puxar essa brasa quente para a sardinha de... Donald Trump.

Três vítimas inconformadas da truculência sexista do presidente "não aceitam o fato de que Donald Trump não está tendo o mesmo destino de Harvey Weinstein"[1] e vêm redobrando seus esforços para derrubar a presidência, com o entusiasmado apoio dos colunistas da "página 9", aqueles que, mesmo sem o devido destaque, se julgam donos da úni-ca verdade.

O provável motivo para isso, acredito, não é que Trump seja presidente, e por isso tenha uma "imunidade" privilegiada e flagrantemente antidemocrática. Não. O moti-vo é que, provavelmente, Trump não é um doente como Har-

---

1 Algumas semanas depois desse "esforço" de justiçamento, foi revelado à imprensa que uma advogada de "direitos femininos" pagou uma boa quantia para que pelo me-nos uma das vítimas viesse a público recentemente. Outras duas recusaram o "butim". Nem pagando...

vey Weinstein, e suas passadas de mão de anos atrás eram de natureza diferente, mais cultural do que visceral, por assim dizer. Mas isso ninguém — quer dizer, ninguém entre aqueles justiceiros que não são "deploráveis" como todos os apoiadores de Trump — quer admitir.

Outra "polêmica" que nos está sendo empurrada é que a viúva de um dos soldados mortos no Níger no início do mês se declarou "ofendida" com o telefonema de condolências do presidente. Pô. Peraí. O presidente dos Estados Unidos liga para oferecer consolo e a viúva vai à TV para reclamar que Trump não conseguiu pronunciar direito o nome de seu marido? Vamos combinar, alguma coisa está fora de lugar. Nem vou explicar que o nome do sargento falecido é um bocado incomum, "La David Johnson", e que não haveria motivo para tanto ataque porque bastaria que um assessor de Trump estivesse mostrando a ele o nome por escrito durante o telefonema, o que, provavelmente, aconteceu de qualquer maneira. Ou alguém espera que o presidente dos Estados Unidos saiba o nome de todos os soldados que, infelizmente, estão arriscando sua vida no exterior? A viúva de Johnson parece esperar que seja este o caso.

E lá veio uma guerra de tuítes. A mídia, se esbaldando, cedeu de bom grado a ribalta à viúva revoltada... não com a morte de seu marido, mas com Donald Trump. Coitada. A gente entende.

A última notícia do dia, que só consegui ler na "imprensa marrom" — mas, uai, não é toda imprensa que é marrom hoje em dia? —, é que o recentemente reeleito imperad... ops, presidente da China, Xi Jinping, está por aqui com as bravatas nucleares de seu vizinho Kim Jong-un, e estaria a ponto de deflagrar uma guerra "arrasadora" contra a Coreia do Norte, bastando para isso apenas mais um teste de mísseis.

Touché!

LAS VEGAS: #STOPTHEHATE

Eu já estava preparada para escrever esta manhã sobre a mais recente abobrinha progressista — a recusa de uma estúpida bibliotecária em receber a doação de livros infantis provenientes de Melania Trump escritos pelo Dr. Seuss, uma espécie de Monteiro Lobato americano, por conta das acusações de racismo contra o autor, e a subsequente desmoralização de seu "ato" com a divulgação de uma foto do casal Obama festejando e divulgando os mesmíssimos livros, que são clássicos infantis americanos — quando vislumbrei na lista de e-mails do meu celular, ainda meio dormindo, a manchete d'*O Globo*: "O ataque mortal em Vegas..."

Pulei da cama. Hã?

No noticiário, as costumeiras imagens "gráficas", corpos cobertos de sangue e minivídeos de gente correndo, desorientada.

De madrugada, enquanto a gente dormia, no terceiro dia de um popular festival de música country em Las Vegas, um louco de 64 anos tinha se posicionado no 32º andar de um hotel próximo ao local do concerto, armado com um "gigantesco arsenal" — acabei de escutar: oito rifles automáticos e duas plataformas de tiro —, e aberto fogo sobre a audiência indefesa muitos metros abaixo. Pouco antes do tiroteio, ao que parece, pessoas correram no meio da plateia avisando: "Estão todos aí... Todos esses filhos da mãe vão morrer".

Foi o "maior massacre" nos Estados Unidos em tempos recentes, e desta vez, infelizmente, não houve nenhum exagero: foram 50 mortos e 200 feridos.

O assassino, encontrado já morto pela polícia (aparentemente se matou, numa espécie de "terrorismo suicida"), é Stephen Paddock, de 64 anos. Desta vez não se trata de um muçulmano e nada se sabe sobre os motivos ou características do criminoso neste momento.

Mas não é difícil especular. Música country e Las Vegas são redutos conservadores, de maioria "branca". Ninguém é responsável pelo que se passa na cabeça de um assassino psicopata, mas posso apostar que o clima de crescente ódio anti-Trump deve ter tido tudo a ver com isso.

Trump enviou suas condolências às vítimas e suas famílias esta manhã. Numa olhada rápida no Twitter. era possível identificar rapidamente o cerne da questão, bem na mosca: a *hashtag #stopthehate* [parem com o ódio].

Vamos combinar que, embora não pareça ter consciência disso, a mídia progressista, com sua constante provocação e suas barulhentas campanhas contra (tudo n)o governo, acaba tirando de nós muito mais do que um "gato do chapéu": nos tira o amor pelo semelhante, a solidariedade, a admiração por nossos símbolos nacionais, o respeito por nossa história e nossos heróis — tudo o que nos faz (e nos mantém) humanos.

Fim do "Capítulo IX"

Pelo que vi nos jornais, a notícia não é nova, e sim data-da de há duas semanas, mas só fiquei sabendo ontem, ao assistir a uma entrevista de Betsy DeVos, secretária de educação do governo Trump.

Betsy DeVos, uma senhora muito distinta, apesar dos múltiplos ataques que sofreu desde que foi empossada (até físicos, imaginem), acaba de pôr um fim no famigerado "Title IX", herança "maldita" da era Obama que deu origem à histeria do estupro nos *campi* universitários do país.

O Title IX, para quem não sabe, determinava que qualquer pessoa acusada de assalto sexual nas universida-des seria sumariamente expulsa, sem direito a julgamen-to, advogado ou direitos civis. Qualquer denúncia, como aquela contra um rapaz que foi expulso sob a acusação de "ter dado um chiclete" para a menina antes de transarem, poderia pôr um fim à carreira acadêmica da pessoa, e, às vezes, até à vida do acusado.

Isso mesmo. Um dos acusados, sentindo-se incapaz de conviver pelo resto da vida com sua situação injustifica-da de "cidadão de segunda classe", decidiu abreviar... a pró-pria vida.

Tinha 19 anos.

A histeria do estupro que tomou conta das universidades — vamos combinar, um dos principais motivos pelos quais o período na universidade é tão valorizado pelos jovens é a oportunidade de trepar à vontade, o que vale tanto para as meninas quanto para os rapazes hoje em dia — é apenas um aspecto da histeria geral provocada pelos cânones quase religiosos dos progressistas.

Na TV, DeVos prometeu que todos terão julgamento justo, não importa a situação. Melhor, enfatizou a necessidade de uma boa educação, para que a possibilidade de um estupro ocorrer possa diminuir. Cá entre nós, a educação é necessária até para se entender o que *é* e o que *não é* estupro, porque as pessoas hoje em dia não parecem saber a diferença.

As escolas devem estar respirando aliviadas. Na era Obama, se encontravam sob um regime de terror, e a simples necessidade de mencionar o Title IX ou recorrer ao departamento de justiça já as colocava sob sério risco de perderem todos os seus recursos financeiros.

Pois é. Obama tentava impor suas regras do jeito que mais dói: afetando o bolso. Mas quando Trump ameaça tirar os recursos das "cidades santuário", por estarem transgredindo a lei federal (com relação aos imigrantes ilegais), é um escândalo total.

Até a CNN foi forçada a concordar: "Betsy DeVos está certa sobre os assaltos sexuais nas universidades".

Na tentativa de proporcionar uma liberdade maior, os progressistas, infelizmente, estão a um passo de nos impor um estado policial. Mas isso não é, ou, no mínimo, não deveria ser novidade para ninguém. Ontem mesmo, assistindo ao Episódio 8 da longa série de Ken Burns sobre a Guerra do Vietnã — episódio, aliás, interessantíssimo para o nosso assunto, enfocando a inquietação social do final dos anos 1960 e o contraste entre a verdadeira miséria da guerra na Ásia e o festival de Woodstock, com toda aquela gente protestando contra ela embalada por drogas, álcool e rock'n'roll —, perguntei ao Alan por que os norte-vietnamitas e o idealista Ho Chi Min (que morreu em 1969) estavam tão interessados em adotar o comunismo, segundo eles mesmos, para "combater a corrupção do governo".

Alan me respondeu que era assim mesmo. No início da imposição do regime comunista, imperava o idealismo, a vontade de acertar, de proporcionar igualdade e justiça social. Mas, infelizmente, pouco depois interferia a inescapável "natureza humana", e, como sabemos, em toda a história do comunismo nenhum país escapou de sofrer corrupção e miséria.

Pobres vietnamitas. Pobre Marx, se revolvendo na tumba.

Uber fora de Londres e o "escurecinismo"

Devo admitir que não tenho a menor experiência pessoal com o Uber.

Nunca usei um. Mas vejo comentários contra e a favor de todos os quilates, e fico em dúvida sobre que parte dos "ataques" ao aplicativo são devidas a falhas reais ou a outros interesses.

No Brasil, pelo que sei, o Uber se "integrou" muito bem à cultura local: há todo tipo de reclamação, desde passageiros que foram roubados até uma alegação esquisitíssima na qual uma mulher que se confessou alcoolizada afirma ter sido estuprada pelo motorista.

No caso de Londres, no entanto, a coisa parece bastante clara — com base no que li, obviamente. Um artigo n'*O Globo* enfatiza os "erros" cometidos pela empresa, pelos quais o CEO se desculpa, prometendo melhorar caso consiga ser perdoado por eles, mas em momento algum conseguimos saber que erros são esses. Prefiro a visão do *Times of London*, que, nunca é demais repetir, é meu jornal favorito no momento.

O artigo da colunista Clare Foges, outra favorita, começa assim: "Você é uma mulher de seus 20 anos, voltando para casa depois de uma festa num dos bairros menos centrais de Londres. Você está sozinha. Então, você (a) pega um ônibus noturno, evitando o olhar daquele homem que te encara vestindo uma camiseta do Grateful Dad; ou (b) pega um minitáxi daqueles sem licença e espera que aqueles olhares no espelho retrovisor sejam apenas amigáveis; ou (c) vai de porta a porta no conforto de um Toyota Prius, de cujo motorista você sabe o nome e que está ansioso para conseguir cinco estrelas ao final da viagem?

Clare consegue ainda a proeza de escrever em seu texto a frase do dia, na minha opinião, em sua crítica ao prefeitinho Sadiq Khan: "Ser muçulmano, cristão, zoroastrista ou ateu não faz de você um bom prefeito".

My point exactly. Nunca gostei de Khan, eleito, na minha opinião (e na de Clare também), só porque hoje em dia é obrigatório, por motivos que ninguém consegue explicar direito, ter simpatia pelos muçulmanos. Clare o acusa ainda de estar boicotando o Uber para granjear o apoio dos sindicatos, de olho na "ascensão política". Estaria ainda, segundo a cronista, apenas "esquentando lugar" na prefeitura, ambicionando uma chance de se tornar primeiro ministro.

Deus nos livre e guarde. Khan já provou não apenas sua parcialidade, mas também sua incompetência e ineficiência no modo como tratou os recentes ataques terroristas na cidade. Trata-se, em poucas palavras, de um lamentável "produto" de nossa sociedade estratificada e envenenada pelo politicamente correto, onde as vozes dissidentes devem ser caladas e não se fala mais nisso. Além disso, o *Times* comenta o aparecimento de uma empresa concorrente e afirma que o Uber foi analisado e aprovado "mais de 10 vezes" pelo órgão competente que regula os transportes de Londres, e que seu banimento é "repentino".

Outro excelente artigo na edição de hoje do jornal londrino define o momento que estamos vivendo como um "escurecinismo" — em oposição ao Iluminismo após a Idade Média —, torcendo para que seja apenas passageiro.

Enquanto esperamos passar, no entanto, não podemos, simplesmente, nos conformar.

Outro destaque lamentável na mídia foi o incrível artigo do *Washington Post* explicando "como os russos tomaram conta do Facebook para garantir a vitória de Donald Trump". Fui lendo e me sentindo cada vez mais ultrajada com aquela óbvia mentirada, até que um comentário de leitor me acalmou, quando li sua opinião de que se tratava de "realidade alternativa". Esse pessoal anti-Trump é que nem aqueles drogados viciados que precisam de drogas cada vez mais pesadas para manter a "onda", e as pessoas estão ficando cada vez mais agressivas.

Não sou nenhuma fã nº 1 do Facebook, como todo mundo sabe, mas ninguém está obrigado a ler nem a acreditar em tudo o que aparece na rede. Além do mais, minha impressão é de que o grosso do Facebook durante as eleições era a favor de Hillary... mas isso deve ser porque tenho as amizades erradas, para nem mencionar que uso a extensão F.B. Purity e, portanto, não vejo anúncio nenhum...

Por falar em rede social, estou detectando um novo movimento meio desesperado na tentativa de "eliminar" Trump da realidade cotidiana: escrever seu nome com letra minúscula. Um "textão" de um de meus "amigos" chega ao extremo de se referir a Obama como Presidente Obama, com duas maiúsculas, enquanto na mesma frase escreve trump com minúscula, para não deixar dúvidas de que não se trata de um deslize de digitação.

Não vai colar. As pessoas cometem tantos erros de gramática e grafia na rede que detalhes sofisticados como esse estão fadados a cair no vazio. O tal *"typo"* vai se enfiar no mesmo buraco onde irão parar todos aqueles que têm se dedicado a desculpar e a passar a mão na cabeça de... Kim Jong-un, *of all people.*

Não sabem o que fazem. Já minhas sérias suspeitas de que o "jovem" Kim não passa de um ator, ou marionete, agindo em nome daqueles velhos generais que o cercam o tempo todo, terá que ficar para outro dia.

Rocket Man

Eu nem precisava ter lido o artigo de hoje da Associated Press para ficar sabendo que Netanyahu "curtiu de montão" o discurso de Trump esta manhã, seu primeiro na ONU como presidente americano. Sentado com sua esposa e o embaixador de Israel na primeira fila, o premier israelense estava sorrindo de orelha a orelha.

Tem um bom motivo para isso. Embora ainda não se tenha visto nenhum resultado prático, Trump "mudou o tom" da política externa americana no que diz respeito a Israel. Particularmente na ONU, isso adquire um valor extraordinário, se lembrarmos que, ultimamente, a organização tem se esmerado em discursos e determinações contra a única democracia do Oriente Médio, pouco importando se fazem ou não sentido. Após o discurso, Netanyahu comentou que "em quase 30 anos de experiência com a ONU, nunca escutei um discurso tão contundente e tão corajoso". Ainda de acordo com o primeiro ministro, "Trump falou a verdade sobre os grandes perigos que nosso mundo enfrenta, e emitiu um chamado poderoso para confrontá-los, no sentido de assegurar o futuro da humanidade".

Os perigos "clássicos" foram todos mencionados no

discurso do presidente americano: o Irã e o "desastroso" (coloco entre aspas, mas é no que acredito) acordo nuclear, o terrorismo, o conflito na Síria e, como não poderia deixar de ser, o ditador rechonchudo da Coreia do Norte. Kim Jong-un foi "promovido" por Trump de "duro na queda" [*a tough cookie*] a "homem-foguete" [*Rocket Man*]; mas "Rocket Man" lembra muito mais o clássico de Elton John, no qual "um homem solitário queima seu fusível sozinho lá em cima" — vamos combinar, uma descrição bastante acurada de Kim Jong-un. Elton John lembra ainda, muito a propósito, que "Marte não é o lugar ideal para se criar uma criança". Tampouco seria a Terra, no caso de uma destruição nuclear, e Kim provavelmente sabe disso. Já Trump está no seu papel ao ameaçar a Coreia do Norte de "destruição total". Queriam que ele dissesse o quê? "Vamos retaliar, mas só um pouquinho"?

Apesar de sua retórica pouco usual para um político de expressão, Trump costuma ter razão no que diz. Ontem mesmo, quando se ventilou a ameaça de indiciar seu ex-assessor de campanha, Paul Manafort, teoricamente implicado no "conluio com a Rússia", houve, ao que parece, uma confirmação de que a administração Obama teria, sim, grampeado comunicações de Manafort na Trump Tower, antes e depois da campanha eleitoral de 2016 — conforme Trump havia afirmado anteriormente, sob protestos indignados dos progressistas. Segundo a CNN, a investigação contra Manafort, iniciada em 2014, foi desativada por "falta de evidências", mas retomada mais tarde como parte das "suspeitas de conluio entre a campanha de Trump e os russos" durante a campanha de 2016. Neste último caso, configurando uso político e abuso de autoridade.

Como diz o popular, quem procura, acha. Trump sempre afirmou não ter nenhum laço com a Rússia, mas, bem, todo mundo sabe que ele promoveu o concurso de Miss Universo em Moscou em 2013... não é mesmo?

Outra virada interessante que foi manchete do dia, tanto no *Times of London* quanto no *Washington Post*, foi a reversão de opinião de Michael Grubb, importante cientista do clima, que decidiu, muito a propósito e num *timing* perfeito para a retomada da discussão sobre se os EUA saem ou não do Acordo de Paris, declarar que "o aquecimento global não está se efetivando tão rapidamente quanto se esperava". À primeira vista, parece ser uma vitória para os climacéticos, mas, convenhamos, não é nada disso. Parece-me ser apenas uma patética tentativa de convencer os que já estão convencidos de que "ainda há tempo para salvar o mundo", missão que Grubb já considerava "perdida". E, evidentemente, tempo igualmente de salvar os objetivos políticos do Acordo de Paris.

Animados pelo título do artigo, "Eu estava errado", só podemos esperar que o fato de Grubb ter admitido que estava errado possa se estender a outros possíveis (e prováveis) erros na falhada teoria elevada por Al Gore à categoria de religião, mas os comentários no *Times* deixam bem claro que ambos os lados continuam encastelados em suas posições.

Melhor nos voltarmos para o tom pão-pão-queijo-queijo do discurso de Trump na ONU esta manhã. Ao listar os vilões deste mundo, Trump não deixou de incluir Maduro, "presidente" da Venezuela, nem de criticar a Rússia por suas ambições expansionistas. A cereja do bolo foi o reconhecimento do fato de que "alguns países com violações de direitos humanos se sentarem num conselho internacional de defesa dos direitos humanos" é fonte de "grande constrangimento para as Nações Unidas".

É refrescante saber que pelo menos um dos líderes

internacionais que ocupam atualmente a posição de donos da verdade não está vivendo em Marte, e enxerga a hipocrisia da Terra como ela é.

It's been a long, long, time.

Sexo, verdades e provocações

Se levarmos em conta a enxurrada de acusações de "assédio sexual" afetando, na maioria, homens em posição de destaque nos EUA e na Inglaterra (algo intrínseco à masculinidade anglófila, poder-se-ia cogitar?), poderíamos facilmente chegar à conclusão de que atingimos o outro extremo do movimento do pêndulo que teria começado a oscilar nos anos 1960, com os *hippies* e a decretação do "amor livre".

Talvez isso esteja ocorrendo porque o amor não seja livre, afinal, mas sim o maior compromisso ao qual podemos nos amarrar voluntariamente — e com muito gosto —, tendo em vista a nossa obrigação maior de manter a humanidade em pleno funcionamento. E essa obrigação, vamos combinar, vem atada a um conjunto de regras em vigor desde que o homem das cavernas "não largava", isso é, puxava suas companheiras pelos cabelos com uma das mãos enquanto com a outra brandia a sua clava para defendê-la de rivais e animais selvagens — quanto mais violento, mais protetor.

E entre essas regras — pouco importa o que desejam ou pregam as feministas, radicais ou não —, está a constatação de que (a) machos são agressivos em sua conquista; (b) machos se excitam visualmente; e, finalmente, (c) machos se sentem donos de "suas" fêmeas.

Tudo vinha funcionando muito bem, excetuando-se as transgressões sempre perdoáveis e ocultáveis no "clube dos machos", tais como, por exemplo, as orgias "não naturais" de Martin Luther King reveladas pelos recentemente liberados documentos do Dossiê Kennedy. E, por que não mencionar, os proverbiais avanços sexuais dos bambambãs de Holiúde.

Harvey Weinstein, agora sendo processado por um possível duplo estupro pelo Estado de Nova York, constituía, digamos assim, uma excrescência de um sistema que há anos vinha funcionando muito bem, e que incluiria licenciosidades tais como a de Dustin Hoffman — "ovos duros ou clitóris moles" no café da manhã — e os "garotos de Kevin Spacey", o *spicy* presidente dos Estados Unidos no seriado "House of Cards", demitido recentemente justamente por seus avanços sobre os garotos daquelas bandas.

E por falar em presidente dos Estados Unidos, hum, bem: não faltam aqueles que *culpam* Donald Trump, atual presidente do Castelo de Cartas, pela caça às bruxas — ou melhor, aos bruxos — ora em curso. Mas, infelizmente para eles, o máximo que se conseguiu provar contra Trump foi aquele vídeo do então candidato à presidência se gabando de pegar as moçoilas não pelo rabo, mas pela virilha, com boas chances de não passar de bazófia, mesmo. No dicionário, aliás, o segundo significado de "bazófia" é um "ensopado feito com restos de comida", conhecido como "ovos nevados" em Portugal. Conveniente, não?

"Comidas". Sim. Mulheres eram para serem "comidas", até que começaram com essa bobagem de independência e igualdade. Independência e igualdade à qual têm pleno direito, por sinal, mas atributos antes exclusivos da masculinidade com os quais as damas não souberam exatamente como lidar. Um caminho árduo, e, infelizmente, pautado pela aceitação do assédio, e não só isso, mas também pela aceitação das regras impostas segundo a qual o "figurino ideal" para se acessar o topo incluiria decotes cada vez maiores, comprimentos cada vez menores e transparências cada vez mais reveladoras, a ponto de instituir uma quase nudez na moda das celebridades "empoderadas", a tal ponto que "celebridade" e "modéstia" se tornaram ideias paradoxais, conceitos completamente incompatíveis jamais vistos na mesma frase.

Longe de mim querer culpar as assediadas por seu próprio assédio, mas por que deixamos que se estabelecesse esse estado de coisas? Por que a tendência *fashion* dos tapetes vermelhos seria essa nudez cada vez mais exposta e provocadora? Por que o hábito de adentrar a toca do leão cheirando a presa óbvia, que deseja mais do que tudo se transformar em comida? São perguntas que ninguém se arrisca a formular, mesmo porque não fazem parte do atual "ideário politicamente correto".

Outro ponto a se considerar é a falta de discernimento entre as muitas gradações do que hoje se entende por "assédio", e até mesmo, indo mais além, por "estupro" — que em certos casos, como ocorreu no recente escândalo de Westminster, o Parlamento inglês, pode até se resumir a um "elogio aos joelhos" e uma piada sobre "como aquecer um par de mãos geladas". Sim, ministros de Estado estão perdendo empregos por causa disso.

Com tantos casos vindo à tona, não há como escapar de duas constatações básicas: (a) as vítimas eram coniventes até há bem pouco tempo, semanas, talvez; e (b) está em curso uma "conspiração" para acabar com a energia masculina, um caminho perigoso que já vimos trilhando há tempos e que pode acabar colocando em risco o futuro da humanidade, embora, com certeza, nada comparável à guerra ao sexo representada pela recentemente anunciada "morte do gênero", ou alguém acredita que aqueles que "trocam de gênero" conseguem logo em seguida usufruir impunemente de prazer sexual através de seus órgãos sexuais dolorosamente mutilados ou implantados? Isso, para nem mencionar a resultante bizarrice das atividades reprodutivas.

Urge que venhamos a descobrir um ponto de equilíbrio, pois muitas dentre nós, dinossauras, apesar de termos queimado nossos sutiãs e jogado no lixo nossos saltos altos — isso, muito antes dos altíssimos *stilletos* e sutiãs super elaborados se tornarem obrigatórios nos últimos anos — para nem mencionar a opção de vencer profissionalmente por nossos próprios méritos — méritos intelectuais, digo, não sensuais —, ainda curtimos um macho cheio de testosterona, e não temos o menor interesse em assistir ao crepúsculo dessa espécie cada vez mais rara e tremendamente necessária, para nem mencionar a primordial necessidade do prazer sexual, e, por que não dizer, dos mistérios do erotismo, uma prática sensual milenar virtualmente atacada pela hiperexposição nas redes sociais, pela banalização do assunto e até mesmo pela censura dos moralistas empedernidos — hoje, paradoxalmente, mais poderosos do que nunca.

Mas posso estar completamente errada, claro. Nem bem tinha acabado de escrever esta crônica quando chegou por e-mail a manchete *do dia* no *Boston Chronicles*, contando a história de uma mulher que começou a trabalhar na cozinha de um famoso restaurante de Boston, e em seu primeiro dia, quando adentrou a cozinha, encontrou todos os cozinheiros e ajudantes com os paus sobre a mesa (literalmente), mandando que ela escolhesse qual deles era o melhor.

Muita coragem da parte deles. Afinal de contas, a moça estava com o facão na mão!

HARVEY "SWINE" STEIN E A HIPOCRISIA HOLLYWOODIANA

Vamos combinar, nunca ouvi apelido mais bem dado em toda a história dos apelidos e trocadilhos do que este "Harvey 'Swine' Stein" — em tradução livre, "Harvey 'porco' Stein" —, o magnata de Hollywood que (re)virou (as) manchete(s) aqui nos Estados Unidos nas duas últimas semanas.

Basta uma rápida olhada nas centenas de fotos e trechos de vídeo em que Weinstein — estamos falando de Harvey Weinstein, o todo-poderoso produtor de Hollywood cuja empresa cinematográfica leva seu nome — aparece cheio de energia, para perceber que o sujeito é nojento, dá vontade de vomitar.

No entanto, pasmem, privou da intimidade de 9 entre 10 estrelas de cinema por mais de 30 anos. Sim, mais de 30 anos!

E não é que a figura, por trás da feiura — falta de beleza não é crime, nem culpa de ninguém, com exceção, é claro, da "falta de beleza interior" —, tenha assim, digamos, um irresistível *sex-appeal*, nem sequer o natural *sex-appeal* de uma carreira milionária no cinema, pela qual, como todo mundo sabe, qualquer menina costumava fazer o que fosse preciso. E se brincar, continua fazendo.

De acordo com as denúncias recentes, cuidadosamente catalogadas em extenso artigo na revista *New Yorker* que deu sequência ao escândalo, as meninas eram, simplesmente, atraídas para a armadilha de Harvey pela própria secretária do magnata, e de lá não conseguiam sair antes de serem devoradas pela aranha, ou melhor, pela cobra viva e ereta do produtor, que sem nenhum pudor ia ao banheiro e, na volta, se mostrava inteiramente nu, antes de atacar suas vítimas.

Em outras palavras: estupro.

E que meninas seriam essas?

Bem, ao longo de 30 anos, como vocês podem imaginar, incontáveis, e entre os vários rostos anônimos, Gwyneth Paltrow, Angelina Jolie, Cara Delevingne... paremos por aqui.

É claro que tudo isso está acontecendo agora porque, recentemente, mudou radicalmente a definição de estupro, que passou a relevar a "penetração" em favor de todo tipo de assédio e passada de mão. Não quer dizer que esteja certo; afinal de contas, mulher gostosa não é carne de açougue, não é mesmo?

Não quer dizer tampouco que éramos obrigados a aceitar como fato o mito de que, para conseguir um papel, qualquer atriz iniciante precisava se submeter ao "*casting couch*" — traduzindo mal e porcamente, "sofá do elenco". Mas, hipocrisia à parte, era o que acontecia. Não era mito coisíssima nenhuma, e todo mundo sabia, até mesmo as "inocentes" Hillary Clinton e Jane Fonda, amiguinhas discretas de Weinstein que juravam que de nada sabiam.

A questão mais escandalosa é que Harvey Weinstein, um eterno pioneiro e produtor de sucessos como "Shakespeare apaixonado", "Gangues de Nova York" e "Kill Bill" se tornou o primeiro, atenção, o primeiro pro-gres--sis-ta a invadir o que até agora era uma seara exclusiva de conservadores como Bill O'Reilly, o falecido Roger Ailes e o pobre infeliz Eric Bolling, que já citei em outras crônicas. Isso, descontando aquele inseto ex-marido da assistente de Hillary Clinton, Anthony Weiner, que foi pego com a boca na botija, ou com as calças arriadas, mandando fotos acaloradas para meninas menores de idade que ele "namorava no celular".

Harvey Weinstein tem (ou melhor, teve, pois foi demitido da própria empresa e expulso da Academia de Cinema) um papel muito maior e mais importante na história da cultura americana do que os modestos apresentadores da Fox News. O sujeito, vamos combinar, está por trás dos mais empolgantes e emocionantes filmes americanos dos últimos anos, que, como sabemos, são a principal ferramenta do poder exercido sobre a cultura mundial pelos americanos há décadas.

É de amargar.

O mais curioso de tudo é que, diferentemente dos "astros" da Fox News — entre eles o desgraçado Bolling, cujo filho de apenas 19 anos se suicidou por causa da vergonha pública a que o pai foi submetido —, Weinstein não emitiu um "A" em defesa própria. Ninguém ouviu o sujeito dizer que não tinha feito aquilo, nem sequer apelar para a clássica desculpa de que o "sexo tinha sido consensual".

E é claro que foi "consensual": todas essas meninas e mulheres acederam ao desejo insaciável do grande produtor simplesmente porque quiseram, isto é, nenhuma criatura do sexo feminino em seu juízo perfeito arriscaria ser cortada de um elenco importante só para defender sua honra e evitar uma trepada mal dada com o porco de Hollywood, não é mesmo?

Assim é a vida.

Não sei se estou 100% de acordo com toda essa mudança que a nossa sociedade vem enfrentando por conta da total transparência que nos é empurrada pelo advento das redes sociais e pelo fim anunciado da privacidade, mas sei que rejeito essa disposição de ampliar a definição de abuso sexual de modo a incluir até mesmo o clássico assovio e a "corte" que antigamente deliciava os pares apaixonados de namorados. Agora, que é um alívio para as mulheres não "precisarem" mais se submeter a humilhações sexuais para conseguir vantagens profissionais, isto é.

Resta disso tudo uma coisa que eu já vinha dizendo há muito tempo, e pela qual os humilhados e atarantados "donos da opinião pública" vêm tentando responsabilizar... Donald Trump. Gostemos ou não, essa "cultura" de homens poderosos usando seu poder para abusar de meninas inexperientes e de mulheres carentes — não de amor ou de atenção, mas de dinheiro e sucesso profissional, mesmo — está impregnada na cultura americana dos "*baby boomers*", geração do pós-guerra da qual fazem parte Donald Trump, Harvey Weinstein e até machistas "do bem" como o meu amado marido, americano de 70 e poucos anos que, graças a Deus, nunca estuprou ninguém.

É bom saber que a sociedade como um todo se cansou de permitir e aceitar esse tipo de coisa. E esperemos que deixem a política e as opiniões manipuladoras dos esquerdistas fora disso.

No mais, é tudo de bom que, ao que parece, "as coisas já não são mais assim".

Pobres mulheres progressistas

A cabo de ler, isto é, de ver, no site do *Washington Post*, a patética cena de Brooke Baldwin — a quem detesto, e graças a Deus parei de assistir quando parei de correr na esteira da academia do meu antigo apartamento — se chocar com um comentarista conservador porque ele disse ao vivo, na tela da TV, que "as únicas coisas em que ele acredita neste país são a Primeira Emenda e os seios" (a Primeira Emenda da Constituição Americana é a que garante a liberdade de expressão).

Baldwin pareceu terrivelmente ofendida. Não conseguia acreditar que um homem havia dito "seios" na sua frente. Coisa mais ofensiva! "Como você se atreve a dizer s-e-i-o-s [como ela não se permite verbalizar tal palavra ofensiva, teve que soletrá-la] na TV, ainda mais para uma âncora mulher?" (Aí me peguei nos meandros da tradução. Baldwin disse *"female host"*, mas em português ficaria meio esquisito dizer "âncora fêmea", não é mesmo?)

Pobres fêmeas. Pobres fêmeas progressistas. Pobres fêmeas que apoiam com fervor aquilo que poderá matá-las.

Sim. Eu disse "matá-las". Isso, após ter lido ainda na cama um horripilante artigo na edição deste sábado do

Times of London, atualmente meu jornal favorito, sobre o que está rolando no Reino Unido no que diz respeito à imposição dos transgêneros. A última novidade no gênero (desculpem o trocadilho) é tratar mulheres que criticam qualquer coisa relativa ao "movimento" trans como bruxas, defendendo que devem ser "queimadas", e que "temos a obrigação" de cobri-las de pancadas.

Não estão sendo simbólicos, nem metafóricos. A autora do artigo realmente VIU uma senhora de 60 anos ser espancada em público por "uma figura de capuz com corpo de homem e o rosto todo maquiado". Mulheres, mais exatamente feministas, preocupadas com o rumo dos acontecimentos, são chamadas agora por uma sigla recém adotada, TERF — *Trans-Exclusionary Radical Feminist* [feminista radical que exclui os trans]. Em português a sigla leria FRET, que, em inglês, significa "entrar em pânico, estar em constante estado de apreensão e ansiedade". Pondo de lado a mistura de línguas, é como deveríamos estar: em pânico.

A autora Janice Turner prossegue em seu artigo descrevendo um quadro cada vez "mais sangrento" no "campo de batalha do gênero". Segundo o artigo, a situação está ficando tão grave que está se esboçando, finalmente, uma reação no horizonte. Esses excessos insanos estão atingindo o seu limite, a partir do qual haverá uma obrigatória reversão de expectativas, e tratativas, ou assim esperamos: uma volta da humanidade à razão.

Sempre tentando se posicionar como "a liderança moral do nosso tempo", os ingleses — liderados, pasmem, por uma congressista mulher — estão para aprovar uma lei que permitirá aos trans masculinos → femininos frequentarem banheiros, vestiários e refúgios exclusivamente femininos.

As mulheres temem por sua segurança, o que basta para qualificá-las como TERFs e despertar a ira desses seres aterrorizantes com corpo de homem e "identidade" de mulher. Turner relata dois casos impressionantes de criminosos sexuais, condenados por estupro, que "transicionaram" na cadeia e, mesmo ainda mantendo seus órgãos sexuais originais, foram transferidos para a ala feminina. Relata ainda a arrepiante possibilidade de homens que se "declaram" trans só para ficarem mais próximos de suas vítimas preferenciais.

Não é a maioria, por óbvio. Mas também no campo da maioria desses "monstros de nossa própria criação" há ameaças e absurdos ocorrendo. Por exemplo, a atitude [correta] de um psiquiatra que decidir aconselhar seu paciente a "esperar para ver", em vez de imediatamente entupi-lo de hormônios do sexo oposto, está para ser qualificada como "crime de ódio". Outros dois graves exemplos apontados no artigo, de leitura obrigatória para quem quiser se conscientizar da situação, é o das atletas mulheres que temem ver sua participação em esportes tornar-se impossível por conta do advento de "mulheres trans" — com identidade de mulher, mas corpo e força de homem —, e mais, uma "epidemia" de meninas adolescentes que amassam seus seios com faixas na escola por terem sido convencidas por blog extremistas de que "estão no corpo errado".[2]

Enquanto isso, uma "chocada" Brooke Baldwin não admite que um homem adulto expresse na TV sua apreciação por seios de mulher. E, imediatamente, nos faz crer que todo "homem branco heterossexual conservador" é um monstro de chifres, com destaque especial para os eleitores de Donald Trump. O que há de errado com essa gente, hein?

---

2 A imagem que acompanhou esse editorial em sua publicação original no portal de notícias "Crônicas da KBR" era uma captura de um vídeo horripilante no YouTube que "ensina" as meninas a amassar os seios.

Arte. Desejo. Atenção. Perigo!

Neste fim de semana, tendo me comprometido com uma amiga a colaborar com seu projeto de arte, decidi, após cuidadosa reflexão, retirar meu oferecimento.

Foi muito difícil. Além de ser "um animal político", como me classificou generosamente a minha amiga, sou também, e fundamentalmente, um bicho da arte, e acredito que a arte é o espaço máximo da liberdade. E também da provocação, da polêmica, da discussão da realidade. Mais ainda: a arte é o campo da experimentação onde se fermenta o futuro e se determina a distinção entre o bem e o mal, entre o bom e o ruim, entre o belo e o feio. E não se trata de uma distinção acusatória, ou eivada de preconceito, mas daquela espécie de distinção limpa e conclusiva que se atinge após longa reflexão.

A arte, por exemplo, costuma ser contra o governo, contra a moral vigente, contra as instituições. E assim tem sido desde que a arte é arte.

A arte é o espaço do sagrado, muito além das religiões. A arte é o espaço do diálogo elevado entre o homem e ele mesmo, entre o desejo do homem e seu mais evoluído componente espiritual.

Se não for assim, não é arte, mas uma indevida apropriação, que não consegue escapar ao clichê, seu exato oposto.

No entanto, hoje em dia — e não se trata em absoluto de algo recente — tornou-se muito difícil reconhecer o que é arte verdadeira. A arte despiu-se da necessidade de um talento para o desenho, para a reprodução da realidade em pinceladas de óleo sobre a tela; confundiu-se com o espaço da performance (ou dele se apropriou), através, por exemplo, do conceito de "instalação".

E é exatamente aí que se encaixa o projeto da minha amiga: uma instalação. Não vou dizer qual o tema da discussão porque não me interessa identificar o trabalho, ao qual ela tem pleno direito, apenas a situação.

Ocorre que essa minha amiga, que conheço há muitos anos, está perfeitamente inserida num contexto aqui nos Estados Unidos que resume tudo, ou quase tudo o que tem me desagradado no atual estado mental que atravessa o país e que, ouso dizer, daqui se propaga para todo o planeta. É contra o governo e acredita que Donald Trump é responsável por todos os males do mundo; acredita que é possível se mudar de sexo e se tornar mais feliz através da automutilação e medicação extremada, atos que permitem a uns poucos iludidos acreditar que podem ludibriar a natureza; acha que o islamismo contém uma espécie de "moralidade superior" à qual devemos prestar tributo por alguma razão misteriosa; e defende a noção de que a tentativa de se disciplinar a crucial questão da imigração ilegal é cruel e criminosa.

Claro que a minha nada acurada descrição do ideário da minha amiga, além de conter elementos do meu próprio ideário, é caricata e incompleta. Não deve chegar nem perto da profundidade de seu pensamento e dos motivos profundos que a levam a ser artista, e, provavelmente, a usar sua arte para defender seus pontos de vista. E é justamente esse ponto que quero levantar no editorial de hoje.

Não posso ter certeza, apesar de ter solicitado uma descrição detalhada, de para onde irá o projeto da minha amiga, nem do destino que trilharia o meu depoimento, que uma vez nele inserido adquiriria vida própria. Mas posso fazer uma boa ideia, com base no que ela me disse e no que tenho visto ocorrer aqui no dia a dia. Uma artista tem todo o direito de exercer sua liberdade criativa. Por outro lado, também decidi me conceder o direito de não colaborar com um projeto que, uma vez concluído, iria contra as minhas crenças mais arraigadas neste momento.

O que me leva à questão do meu comentário publicado ontem, no Facebook, sobre a polêmica em torno da exposição "Queermuseu", montada no Centro Cultural Santander de Porto Alegre e fechada neste fim de semana, um mês antes da data marcada para seu término.

Sim, meus amigos, vou retirar boa parte do que disse.

Não estou no Brasil. Mas mesmo que estivesse, não iria a Porto Alegre para visitar a tal exposição. Quantas pessoas, dentre aquelas que a boicotaram, criticaram e atacaram com violência seu conteúdo artístico sequer o viram, com exceção de uma ou outra imagem, como o desenho caricato e malfeito, fora do contexto, onde se via a inscrição "criança viada"? Como lembrou a crítica de arte Daniela Name, em seu artigo n'*O Globo,* "os cidadãos de bem comentavam, mesmo sem ter visto". Eu incluída, e por isso volto atrás em minha estreiteza.

O lamentável desfecho a que foi conduzido esse caso, altamente representativo do estado de histeria coletiva em que se encontra a nossa sociedade, poderia muito bem ser descrito com aquela metáfora do cego que apalpa um elefante. Muitos viram apenas o rabo (literal e metaforicamente), e ali se detiveram, analisando o pelo, o comprimento, e o que há por trás, digo, por baixo daquela vara viva. Detectaram apenas o orifício, talvez mais de um, mas não se preocuparam em buscar o conjunto monumental do impressionante animal, algo impossível quando não há uma visão total, nem distanciamento suficiente para entender o que está sendo visto. Na minha ânsia de condenar o transgenerismo e os abusos relativos à noção de gênero, algo que tornei de certa forma minha "missão", pisei na bola de verdade.

Neste momento, continuo sem ver a totalidade das obras, mas pesquisei um pouco e li mais a respeito. Não se trata, como eu pensava anteriormente, de um apanhado de obras improvisadas com o objetivo de defender a temática *queer* — que, quero deixar claro, continuo deplorando, e acreditando que tem exercido um impacto prejudicial sobre nossa sociedade — de qualquer maneira, com obras grosseiras, mas de uma curadoria que inclui alguns de nossos maiores artistas, mortos e vivos, como Lygia Clark, Leonilson e Adriana Varejão.

Foi arrepiante ver Adriana Varejão, por exemplo, qualificada como zoófila por pessoas que, até ontem, eu julgava esclarecidas e intelectuais. Foi nauseante ver gente embarcando sem nenhuma hesitação nos argumentos toscos do vídeo reproduzido no *Estadão*, no qual pessoas cujo nível de cultura está próximo de zero criticaram as obras por eles rotuladas como "pedofilia", "pornografia", e... já esqueci o resto. Um amigo cujas opiniões respeito muito — e, graças a Deus, posso continuar respeitando — descreveu o trabalho da Varejão da seguinte forma: "A obra mais polêmica, que retrata a zoofilia e o homoerotismo, é de Adriana Varejão. Uma pintura espetacular, que recria as situações narradas do período colonial com a estética das pinturas e desenhos Shunga do período Edo do Japao (1603-1867). Essas pinturas já foram expostas no British Museum, no Musée Guimet e no MAK de Viena. São respeitadíssimas e cultuadas hoje no mundo inteiro, e em Tóquio existe um museu dedicado a elas".

Francamente, me senti mal. Fiquei com vergonha de mim mesma e do meu julgamento apressado, baseado com toda certeza em disse-me-disse de Facebook. Deveria ter ficado na primeira frase do meu post, "Estou completamente por fora dessa polêmica sobre o Queermuseu". Nunca deveria ter me aventurado até o "vou dar o meu pitaco", pelo menos não antes de pesquisar e buscar informação. Felizmente, em algum momento do post, mencionei a "arte degenerada" do período nazista, e pelo menos me resta o consolo de ter tido tal discernimento prévio para me redimir.

Estamos todos nos transformando em animais radicais, binários — não no sentido de sexo, mas de pensamento preto no branco — ignorantes e desrespeitosos do desejo alheio. Fascistas, sim. Fundamentalistas. Cortadores de cabeças. E isso é uma tremenda vergonha.

Lamento se decepciono meus muitos amigos e poucos seguidores que não gostaram quando me desculpei pela minha própria ignorância ontem à noite no Facebook. Mas me recuso a me tornar justamente o tipo de pessoa que venho criticando por seu autoritarismo e falta de abertura.

Sou conservadora, mas não sou castradora. E tenho dito. O fechamento da exposição "Queermuseu" é mais uma vergonha para o Brasil.

Em tempo: originalmente, antes de ser distorcida pelos progressistas, a expressão "*queer*" queria dizer "estranho", "bizarro". E neste sentido, a exposição pode ser vista não como uma "exaltação", mas como uma "visão crítica" dessa situação.

Segue na íntegra o meu "depoimento" no Facebook:

Estou completamente por fora dessa polêmica sobre o "Queermuseu", mas vou dar o meu pitaco. É difícil definir o que é e não é arte hoje em dia. Só os curadores e patrocinadores da exposição podem decidir isso, e, por óbvio, apenas no que se refere a eventos específicos dos quais participam. A arte contemporânea em sua melhor expressão foi considerada "degenerada" na Alemanha nazista, e não era "agradável de se olhar", nem muito menos "enlevava a experiência humana", como li no pedido de desculpas do Santander. Só o tempo pode dizer o que tem ou não tem valor, e a arte tem também, sim, um forte componente político e social. Discordo de que o fato de a exposição "ser ofensiva" para determinadas pessoas deva determinar seu destino, mas entendo o Santander, que apesar de seu discurso humanista tem como objetivo primordial fazer dinheiro e divulgar o seu banco. Discordo também de que tal exposição deva ser financiada por dinheiro público. E, sobretudo, ATENÇÃO, discordo da premissa de que "essa exposição traga uma temática importante para se pensar o mundo hoje". Aí é que está o xis do problema: a problemática *queer* não é importante para se pensar o mundo de hoje. É completamente irrelevante, ao contrário do que querem nos convencer. E como tal deveria ser tratada. Quem discordou da tal exposição e achou que era um lixo não deveria ter ido visitá-la e deixado que fracassasse por si. Mas hoje em dia tudo tem que ter barulho, boicote e ativismo. Chega às raias do insuportável e dá força àquilo que não queremos reforçar. Agora, a tal arte *queer* passou a ser vítima, mártir, "elevada" pela "censura" à liberdade de expressão. Perderam a batalha, mas estão ganhando a guerra!

O DESPREZÍVEL E AGORA LETAL MACARTHISMO DE ESQUERDA

Havia muitos assuntos sobre os quais eu poderia ter escrito um editorial nesta segunda-feira, inclusive a polêmica da qual acabei de me inteirar sobre a exposição "Queermuseu", cancelada neste domingo pelo Santander em seu centro cultural de Porto Alegre.

Nos Estados Unidos, compreensivelmente, só se fala de furacão, além do que hoje é 11 de setembro, uma data na qual poucos assuntos podem se sobrepor à horrível memória daquele dia em 2001.

No entanto, vou, sim, falar de outra coisa, que não foi mencionada nem na última página pelos jornais brasileiros e comentada por muito poucos jornais aqui nos Estados Unidos: a morte por overdose do filho único de Eric Bolling, ex-âncora da Fox News demitido na última sexta--feira.

Bolling e sua esposa pediram no Twitter que as pessoas respeitassem seu período de luto, e têm todo o direito não só de pedir, como de serem atendidos. Afinal de contas, a extrema exposição daquilo que antes se entendia por "privacidade" está no cerne da violência, radicalismo e conflito de opiniões hoje em dia. Mas há algo na morte do jovem Eric (mesmo nome de seu pai) que não pode ser relegado à discrição e ao silêncio, pelo contrário, deve ser exposto e enfatizado.

Eric Bolling fez sua fama na Fox News a reboque de Bill O'Reilly, de quem era fã confesso e a quem muitas vezes substituiu. Quando O'Reilly foi demitido no início do ano, Bolling parecia ser um substituto natural do analista político, mas acabou recebendo um programa próprio às cinco da tarde na reformulação da grade.

Bill O'Reilly, para quem não se lembra, após ter levado a emissora nas costas por 17 anos foi sumariamente demitido devido a acusações de abuso e assédio sexual, mesmas acusações feitas ao ex-CEO da empresa, Roger Ailes, que foi demitido em 2016 e faleceu em maio de 2017 devido a complicações de uma queda em casa — Ailes era hemofílico.

O'Reilly optou por não se defender legalmente das acusações para "não prejudicar os filhos", e hoje em dia está encolhido e limitado ao seu próprio website, billoreilly.com. Continua falando, mas está "morto" para efeito da grande mídia. Pessoalmente, fui contra a demissão de O'Reilly, a quem escutava e de quem gostava. Sua voz ainda faz muita falta, e seu substituto na emissora, embora tenha um programa bastante popular, não chega à sua altura. Mas, vá lá, com um pouco de esforço até dava para colocar O'Reilly e Ailes no mesmo saco de machismo e misoginia, embora as alegações das vítimas de O'Reilly fossem, simplesmente, ridículas.

Entretanto, o ataque a Bolling por exatamente as mesmas razões — desta vez com tintas mais vívidas, incluindo, em tese, imagens não solicitadas de seu próprio órgão sexual — deixa claro, a meu ver, que está realmente em curso um esforço inaudito para acabar com a mídia conservadora, para nem mencionar que todos os personagens dessa "perseguição moral" foram cruciais no apoio a Donald Trump. Por que um sujeito bem-apessoado, aparentemente bem casado, com um livro na lista de *best sellers* do *New York Times* e em posição de destaque na mídia, com um emprego milionário na TV a cabo, arriscaria tudo isso enviando uma mensagem pornográfica a meia dúzia de colegas do sexo feminino? Não faz o menor sentido! Menos ainda depois dos inúmeros casos de assédio sexual pornográfico por mensagens de celular expostos ultimamente, incluindo o do desprezível Anthony Wiener e do próprio Bill O'Reilly. Só mesmo se Bolling fosse um completo idiota, ou doido, o que não parece ser o caso.

Mas deixemos isso de lado. O fato é que o filho de Bolling, segundo relatos, "estava tendo dificuldades de lidar com as acusações contra seu pai". Some-se a isso a crise dos opioides, que tem exigido atenção das autoridades, *et voilà*, o rapaz foi encontrado morto no Colorado, onde cursava o segundo ano da faculdade, horas depois de seu pai ter sido definitivamente demitido da emissora. Eric Chase Bolling tinha apenas 19 anos.

Bolling, diferente de O'Reilly, optou por se defender e está processando por 52 milhões de dólares o "repórter" do Huffington Post que "denunciou" seus atos devassos, Yashar Ali. Uma breve visita ao Twitter de Ali permite detectar ali todos os ingredientes já clássicos dos ativistas esquerdistas, progressistas, donos da bondade e politicamente corretos. Em outras palavras: macartistas de esquerda.

Yashar Ali defende a sobrevivência dos elefantes. Está preocupado com a proteção da "vida selvagem" e a "preservação do habitat para o futuro", mas falha em perceber que por trás de denúncias sem fundamento, e com objetivos políticos, estão pessoas humanas, famílias, filhos que talvez não tenham a fortitude moral necessária para sobreviver à humilhação imposta a seus pais.

Ah, pois é. Conservadores não são humanos. São todos racistas, nazistas, negadores do clima, anti-imigrantes, partidários da escravidão, e, pior, tratam mulheres como objetos e ainda por cima são contra os direitos dos gays e a presença de transgêneros no exército. Certo? Tudo se justifica para o nobre objetivo de eliminar esses monstros da face da Terra, com ênfase para seu líder e ídolo político, o imoral Donald Trump.

Trump e sua gangue, porém, apesar de tantas acusações levianas, nunca foram provados culpados de terem matado um ser humano sequer com suas ideias desprezíveis. Já o doce e consciente Yashar Ali não teve a mesma sorte. Além de estar sendo processado por difamação e danos morais, Ali deveria ser indiretamente responsabilizado pela morte do jovem Eric. E mesmo que legalmente isso não seja possível, espero que esse reporterzinho irresponsável não consiga mais dormir, sabendo que seu ataque de bom-mocismo resultou numa vítima fatal. Que não durma em paz nunca mais.

O AFOGAMENTO DO SONHO AMERICANO

Está triste a situação no Texas, com muita gente desabrigada e as ruas alagadas. Mas creio que a dor real está léguas distante do que vem sendo mostrando pela mídia, ativa em sua missão 24 horas por dia.

Como Rush Limbaugh lembrou em seu programa de ontem — sim, hoje em dia costumo concordar com esse radialista conservador a quem costumava apelidar de "Rush Limbo" —, tudo, hoje em dia, tem sido fortemente politizado nos Estados Unidos. Por conta disso, o grande "escândalo" relacionado à tragédia do furacão Harvey não tem relação com o descaso oficial e bueiros entupidos — como muitas vezes presenciei no meu Rio de Janeiro, onde enchentes catastróficas eram a "norma" do verão nos anos 1990 — mas... com os saltos altíssimos dos sapatos da primeira-dama ao embarcar em sua viagem ao local, noticiados com destaque até mesmo n'*O Globo*.

Enquanto ontem à tarde o governador do Texas enfatizava a eficiência da administração Trump, que, segundo ele, "nos deu todo o apoio e tudo de que precisamos", o *Washington Post* chafurdava na lama que jogava sobre Melania, acusada de estar "preocupada em aparecer nas fotos como um ícone *fashion*, em vez de se preocupar com as vítimas das enchentes".

O que eles queriam? Que Melania entrasse na água de macacão e galochas para salvar os afogados? Pô. Peraí. Para nem mencionar que, ao desembarcar do avião naquele dia, Melania estava usando tênis. A figura da primeira--dama sempre ocupou um lugar simbólico na Casa Branca, sendo suas opções de figurino exaltadas ou criticadas regularmente, como sinal da "prosperidade" americana. Com exceção da santa Michelle, obviamente, que ocupou seu tempo plantando uma horta orgânica e impondo às escolas uma dieta de baixa caloria, em geral considerada intragável pelas crianças. Os vestidos de Michelle, apesar de seu custo bilionário, eram todos "doados", porque, afinal de contas, era a mais amada primeira-dama de toda a História dos Estados Unidos.

Mas deixa isso pra lá. Ouvi de tudo nesses últimos dias, inclusive um professor da Flórida que afirmou que "o furacão Harvey era um castigo de Deus enviado aos texanos por terem votado em Trump". O professor de sociologia foi demitido. Pelo menos isso. Mas os ânimos continuam acalorados, com a provocadora Ann Coulter, que é conservadora, afirmando num tuíte que "seria mais crível Deus estar punindo Houston por ter uma prefeita lésbica do que atribuir o furacão às mudanças do clima".

Menos, gente, menos. Coulter, de quem nem sequer gosto, estava sendo sarcástica, será que não dá para perceber?

Continuo batendo na tecla de que a impulsividade característica das redes sociais é em grande parte responsável pelo "ódio que está contaminando o mundo", como lembrou no outro dia uma amiga que mora no Canadá. A leveza com que as pessoas afirmam e propagam qualquer besteira é a mesma com que falamos besteira na sexta-feira à noite, jogando conversa fora numa mesa de bar. Só que, o que se diz meio de porre numa mesa de bar fica na mesa de bar. Já o que se escreve no Twitter permanece lá para sempre, com exceção dos tuítes que ultrapassam qualquer limite e acabam apagados por seus autores, mas sempre depois de terem feito o seu grande estrago. E a psique humana segue sendo lentamente envenenada por sua própria militância, eivada de ignorância.

Isso, quando não se trata, simplesmente, de um "ataque" de robôs, ou "bots", como o descrito na edição de hoje pelo *Times of London*. Segundo o artigo, um notório "opinionista" a favor do Brexit, com mais de 100 mil seguidores e teoricamente de orientação conservadora, seria, na verdade, um grupo de *hackers* russos empenhados em fazer propaganda pro-Kremlin 12 horas por dia (um robô que, estranhamente, precisa comer, descansar e dormir nas outras 12). A "prova", segundo o jornal, é que os tais tuítes, postados a cada cinco minutos durante todo o dia, aparecem regularmente entre 5 da manhã e 5 da tarde, horário de Londres, o que equivaleria a um expediente comercial em Moscou, de 8 da manhã às 8 da noite. Enquanto o "dono" da conta nega tudo, a mídia afirma que "tais ataques de *bots* e *trolls* são mais perigosos do que um ataque nuclear".

Hã? Menos, gente, menos. A grande diferença entre a rede social — que, sejamos justos, tem também o potencial de ajudar, como se viu durante o próprio furacão Harvey — e a bomba H, é que a rede social se pode *desligar*. E é o que deveríamos fazer, antes de enlouquecermos de vez, o que, francamente, não está muito longe de acontecer.

O que dá um certo alento é que, longe da mídia e dos ódios manipulados, a natureza humana continua generosa e prestativa em situações de emergência. Há vários voluntários trabalhando para ajudar as vítimas no Texas, com ou sem apoio do governo, inclusive uma "brigada judaica", como escreveu o *Times of Israel*. O que também me lembra o Rio, onde, durante uma das últimas enchentes que presenciei, enchi duas malas e me juntei aos milhares de doadores amealhados numa igreja de Jacarepaguá.

Ainda resta esperança. O que precisamos agora, me desculpem o clichê, é "a serenidade para aceitar aquilo que não podemos mudar, a coragem para mudar o que for possível e sabedoria para saber discernir entre as duas coisas".

As coisas que não podemos mudar incluem os desastres da natureza, como o furacão Harvey, embora possamos nos precaver obedecendo às ordens de evacuar. Incluem também, infelizmente para quem ambiciona deles se livrar, o passado e a História, não importa quantas estátuas decidamos derrubar e quantos filmes tentemos impedir de passar, como ocorreu esta semana aqui nos Estados Unidos com o clássico "E o vento levou". Percebam que não mencionei "queimar livros", prática comum na Alemanha nazista que tantos têm feito questão de lembrar, frequentemente pelas razões erradas. Mesmo porque, na era digital, queimar livros não adiantaria grande coisa, a não ser que não houvesse um "backup".

A loucura americana está se espalhando. Esta semana, ainda segundo Rush "Limbo", os progressistas estão exigindo a mudança da bandeira e do hino americanos, segundo eles "símbolos de opressão". Não têm sabedoria para discernir que, depois de exatos 200 anos de sua composição (o hino foi baseado no poema "Star Spangled Banner", escrito em 1814), os símbolos americanos não são um símbolo de opressão, mas de liberdade, fraternidade e da busca da felicidade, coisas cada vez mais difíceis de se encontrar.

Nazistas são os outros

O assunto me é tão desagradável que, depois de ter meditado sobre ele durante todo o fim de semana, e de ter enfrentado uma longa entrevista no último sábado com uma fonte local na Alemanha, ainda assim não fui capaz de escrever sobre ele na segunda-feira. Tive que adiar para hoje e torcer para que conseguisse alinhavar um editorial.

Há umas duas semanas, quando presenciei (pela televisão) uma turba ensandecida derrubando estátuas em praças públicas aqui nos Estados Unidos, não pude evitar uma associação imediata com um dos mais terríveis episódios da História recente, a *Kristallnacht* [Noite dos Cristais] na Alemanha nazista, quando lojas e propriedades de judeus tiveram suas vitrines e vidraças quebradas a porretes e pedradas.

Foi o sinal inequívoco para os judeus de que já não tinham mais lugar na Alemanha, e, apesar de sua longa e profícua participação na sociedade e economia locais, era hora de partir. Para muitos, já foi tarde demais.

Outro sinal alarmante foi um post num mural de um professor e escritor de orientação petista no Facebook, no qual o proprietário compartilha com orgulho que tem "caçado" "racistas, homofóbicos e misóginos", autores de "comentários de ódio" no Facebook, da seguinte maneira: ele pesquisa no LinkedIn onde a pessoa trabalha e envia uma carta ao DP da referida empresa *denunciando* essa pessoa por seu comportamento "execrável".

O problema é que essas pessoas, elas mesmas incrivelmente violentas e invasivas, consideram que seu *julgamento ético* é 100% correto e superior aos demais, e em temas altamente subjetivos, cujas definições variam conforme a comunidade e tradições culturais, tanto do julgador como do julgado. Via de regra, as pessoas brancas, católicas, heterossexuais e do sexo masculino — pelo menos aqui nos Estados Unidos — são consideradas racistas, homofóbicas, misóginas e extremistas por princípio, não importando a qualidade de seus pensamentos ou atos.

A definição se ampliou consideravelmente nos últimos meses, de modo a incluir o conceito de que "qualquer discurso ou comentário que ofenda uma outra pessoa de qualquer forma e em qualquer intensidade" é considerado "crime de ódio". Nem preciso exemplificar para que vocês entendam o quão perigosa é essa ampliação.

Indo mais longe, já vi afirmado na mídia que tais "crimes de ódio" são "a marca dos anos Trump". De que "anos Trump" estariam falando? Trump está no governo há, exatamente, oito meses, quer dizer, os "anos" Trump nem sequer se completam no singular.

Curiosamente, esses vândalos — não há outra forma de descrevê-los — e depredadores do patrimônio público, que constituem uma minoria e não levam em consideração os desejos e opiniões da maioria dos integrantes de sua comunidade, é que me parecem ser os verdadeiros fascistas que pretendem combater, não só com suas ações violentas, como até mesmo com a sigla de sua organização, a "Antifa"

— de "*antifa*cista". Quanto ao nosso amigo professor jus-
ticeiro, este também parece ignorar o verdadeiro sentido
do termo "fascista", e também que uma das ignóbeis características desses radicais históricos é, justamente, julgar
os semelhantes e arvorar-se em padrão de ética, quando,
na verdade, não passam de delatores baratos, nem sequer
contam com a justificativa dos atuais acordos de delação
premiada tão em voga no Brasil de hoje. Trata-se, simplesmente, de dar vazão aos seus piores instintos e raiva do
mundo, de todo mundo. No mínimo, não têm vida própria
e nem nada melhor para fazer.

Porém, não é desses seres perversos e iludidos que
quero falar hoje, mas sim do processo em marcha na Alemanha, onde Donald Trump, presidente americano livremente eleito e "líder do mundo livre", tem sido qualificado
como "nazista" e retratado como tal em caricaturas, memes
e capas de revista — na semana passada, o tema foi capa da
importante revista *Stern*.

Eu poderia, simplesmente, qualificar tais acusações
como infundadas e ridículas. Mas partindo da mídia alemã,
são também ofensivas, e têm servido para aliviar a eterna
(e justificada) culpa dos alemães por seu passado, aí sim,
nazista. Pior, como informa a minha fonte, tão consterna-
da quanto eu, o constante ataque a Trump — em detrimen-
to de assuntos internos cruciais para o futuro da Alemanha, como o conflito cultural e político com a Turquia, que
ameaça "inundar" a Alemanha de refugiados abrindo suas
fronteiras com a Europa e cujo presidente, o "democrático"
Recep Tayyip Erdoğan, chamou Angela Merkel de nazista
e não conseguiu nenhuma reação da chanceler — tem tido
a função de *eliminar* qualquer escrúpulo para comentar ou
mesmo mencionar o passado nazista, tema proibido no
país desde o fim da Segunda Guerra. Resumindo, de acor-

do com a minha fonte, todas as restrições ao assunto estão sendo liberadas.

Não se enganem. Trata-se de uma besta infernal. Para quem não tem informação suficiente, ou precisa ter sua memória refrescada com relação aos crimes nazistas, vamos mencionar alguns:

— judeus e algumas outras minorias foram sumariamente despojados de seus direitos, tiveram seus bens roubados e foram isolados em campos de extermínio sem nenhuma outra base a não ser sua composição genética e a comunidade em que viviam, onde foram sumária e sistematicamente (os alemães tem a sistematização e eficiência com duas de suas principais características culturais) despojados de sua humanidade, enfraquecidos com a fome, envenenados com gás e em seguida incinerados.

— seus bens mais pessoais, como óculos, sapatos e até partes do corpo, como dentes de ouro, foram preservados organizadamente em pilhas; as partes de ouro foram derretidas e cunhadas em barras com o símbolo nazista, usadas como recurso financeiro para sustentar o esforço de guerra.

— os campos não eram apenas lugares de trabalhos forçados e extermínio, mas também laboratórios de "experimentação médica", o que incluía costurar pessoas umas às outras, eliminar olhos e utilizar peles humanas para confeccionar abajures; fora dos campos, é notório o experimento de Josef Mengele na Argentina após a guerra, onde o médico-monstro desenvolveu seu enorme interesse em gêmeos prematuros, tratando de alimentar um deles enquanto matava o outro de fome, além de medicar uma menina que se achava muito baixinha com hormônios de cavalo, entre outras monstruosidades.

— em resumo, os nazistas eliminaram sumariamente, com requintes de crueldade, seis milhões de pessoas, ah, pois é, os judeus não eram à época considerados "pessoas"; também eliminaram sumariamente todos os tipos de deficientes, físicos e mentais.

Quantas pessoas Trump envenenou? Quantas incinerou em altos-fornos criados para este fim? Quantas torturou? Quantas humilhou e matou de fome, despojando-as de sua humanidade?

As perguntas são retóricas, mas a resposta é uma só: zero. E não me venham com argumentos falaciosos de que em sua presidência os imigrantes ilegais são humilhados e tratados como animais, porque nada disso é verdade. O que tem sido feito é uma tentativa de restaurar a obediência à lei, e, ao mesmo tempo, proteger os cidadãos americanos de criminosos que *também* são imigrantes ilegais e, portanto, precisam ser deportados.

Resumindo, comparar Trump — ou, por falar nisso, qualquer líder vivo da atualidade, por mais malvado e autoritário — a Hitler e, além disso, qualificar 50% da população americana, habitantes da maior e mais perfeita democracia do mundo, como nazistas, é não apenas desviar o foco dos verdadeiros problemas, como também uma forma de desvalorizar, banalizar a maldade nazista, que, com isso, está sendo promovida a "aceitável" sem que as pessoas percebam.

Não podemos permitir que isso aconteça. Uma vez aberta essa Caixa de Pandora infernal, não será mais possível fechá-la. Mais, sabemos que "basta que apenas um justo se cale para que o mal tome conta do mundo". Não podemos deixar que esses rotuladores de seus semelhantes, sem nenhum argumento a não ser a intimidação, calem a nossa voz e a nossa consciência.

Usando seu próprio slogan originalmente esquerdista, já que tudo hoje em dia está misturado e confundido pela ignorância, antes de ser amplamente multiplicado pelas redes sociais: *No pasarán*.

Felizmente, ao que parece, já está se esboçando aqui nos Estados Unidos uma reação contra esse estado de coisas. Como escreveu o *Wall Street Journal* em sua edição da última terça-feira, "os liberais antifascistas montaram fortes manifestações contra uma ameaça nazista que se provou inexistente ou irrelevante". Foi, segundo o jornal, "simplesmente embaraçoso".

Agora é tarde, Inês é morta!

Ontem, na TV, assisti a um documentário de turismo sobre Portugal: belas paisagens, as ruas de Lisboa e Coimbra, os costumes e alguns toques de História.

Muitas vezes deixamos passar batida a noção de que, à época das navegações, Portugal era o que hoje seria considerada uma "potência mundial". Tinha muito dinheiro, e muito poder, só desafiado, esporadicamente, pela Espanha.

O que teria acontecido para que os países do "Novo Mundo" colonizados por essas duas potências do passado tenham terminado tão mal? Teria sido a prática de exploração sem limites, o fato de os conquistadores irem com muita sede ao pote? Sim, boa parte das riquezas de Portugal foram surripiadas do nosso Brasil varonil (ui, sexismo!), inclusive as madeiras preciosas usadas nas construções.

O que nos diferencia (e por nós, quero dizer as pessoas de "sangue latino", notadamente na América do Sul) dos países invadidos mais afortunados, colonizados, por exemplo, pelo Império Britânico? Sim, porque, cá entre nós, os colonizados pela França ou pela Holanda não têm situação muito melhor. Friamente falando, só uma pequena parte das ex-colônias britânicas — além dos próprios colonizadores, hoje potências encolhidas — são hoje em dia considerados "primeiro mundo", talvez devido ao clima mais clemente, sei lá. Ou ao seu orgulho nacionalista, que muita gente está tentando derrubar.

Eu mesma, quando era mais jovem, cansei de fazer piada com os portugueses, chegando a desejar que o Brasil tivesse sido tomado deles durante a invasão francesa, ou holandesa. Hoje em dia estaríamos, talvez, dizendo "*Merci*", ou pior, "*Dank je wel*" (esta tive que olhar no Google, devo confessar).

No entanto, vendo ontem Portugal na TV, cheguei à conclusão, à tardia conclusão, de que nós mesmos é que somos culpados de denegrir nossos colonizadores e desenvolver o hábito da baixa estima. Afinal, nenhum colonizador foi pior do que os ingleses, James Joyce que o diga, e vejam no que deu: a maior e mais longeva potência mundial da modernidade, gostem ou não — os Estados Unidos da América.

Nem Freud explica. Mesmo porque os hipercivilizados austríacos acabaram nos ofertando seu próprio espetáculo inigualável de animalização. (Para quem não sabe, apesar de ter sido um político alemão, Hitler era austríaco.)

Uma das histórias mais instigantes lembradas no documentário é a do caso de amor entre o rei português Pedro I (não o nosso Pedro I) e Inês de Castro, sua amante espanhola, ama da nova esposa de Pedro e de ascendência duvidosa (a história está na Wikipédia, para quem quiser ir além). Quando enviuvou, Pedro quis desposar Inês, o grande amor de sua vida. Mas, contrário às ambições amorosas do filho, o pai de Pedro mandou assassinar a moça, que foi decapitada na frente de seu filho pequeno (sim, naquele tempo a exploração e a insegurança social das mulheres eram ainda piores, podem acreditar). Quando, finalmente,

Pedro foi nomeado rei, além de legitimar os filhos que tivera com sua amante coroou a falecida Inês como rainha e obrigou todos os súditos a lhe beijarem a mão.

Pois é. Nada como um dia após o outro.

Para Inês, no entanto, já era tarde. Ela estava morta.

Eis aí, sem tirar nem pôr, a história que gerou uma das mais ricas expressões da sabedoria popular da língua portuguesa: "Agora é tarde, Inês é morta!"

Hoje em dia, a expressão, uma das favoritas de mamãe, parece mais válida do que nunca. Nos faria muito bem, talvez, deixarmos de lado o desprezo que cultivamos por nós mesmos e por nossos conquistadores ancestrais, tentando aliviar a nossa barra (cada vez mais) pesada com um pouquinho de orgulho nacionalista.

Todos sabemos, principalmente após as descobertas de Freud, que a baixa estima tem um efeito devastador, levando as pessoas a buscar toda forma de compensação para seu ódio a si mesmas (lembrem-se de Hitler, o artista fracassado que não nos deixa mentir). Pode estar aí também uma breve (e com certeza incompleta) explicação para os piores males que nos afligem hoje, como a corrupção financeira, política, moral e sexual (esta última, com certeza, derruba logo de cara a minha falha teoria, já que seus efeitos têm sido mais devastadores nos países de língua inglesa, talvez porque já tenham ultrapassado todos os demais tipos de corrupção derivados da baixa estima, mas ah, tudo bem, o homem não presta mesmo).

Enfim, pode ser que em algum ponto indefinido do futuro venhamos a conhecer uma sociedade mais transparente, igualitária, justa e verdadeiramente democrática, com direitos e oportunidades iguais para todos. Mas para nós — que fazemos parte dessa geração que tantas revoluções fez, no âmbito da política, da sociedade, do sexo (incluindo o feminismo) e da tecnologia, e que agora está se autodevorando por conta de suas graves falhas de comportamento —, dificilmente o mal amplamente disseminado por nós mesmos terá solução.

Metemos os pés pelas mãos, e para nós, infelizmente, já é tarde demais.

UMA VIDA DE FAZ DE CONTA

Não sei, mas alguma coisa mudou na minha cabeça quando comecei a trabalhar para uma grande empresa como tradutora *freelance* e, devido ao alto volume de trabalho, precisei praticamente deixar de lado minhas outras atividades, com poucas exceções, como por exemplo, as amadas crônicas de domingo. Com isso, sonhos antigos como a "fama de escritora" foram desviados para o arquivo morto — pelo andar da carruagem, ao que parece, em caráter definitivo. Como efeito colateral, também diminuiu um bocado o meu acesso às redes sociais, nas quais, apesar de continuar curtindo os meus numerosos amigos, já não preciso mais "matar um leão por dia" para conquistar novos leitores e convencê-los de que sou o máximo.

É uma espécie de libertação. Depois de uma vida inteira batalhando um lugar na ribalta — que, preciso confessar, sempre julguei mais do que merecido — estou reduzida à "rotina do homem comum", qual seja, levantar cedo, trabalhar o dia inteiro feito uma mula e receber um salário no final do mês — nas palavras de James Joyce, "o ganhapão e sua paga".

Pois é. Nas poucas horas vagas, isso me levou a reflexões mais profundas sobre o porquê de cedermos às muitas imposições do ideário liberal e "politicamente correto" que está cada vez mais radical, e mais destrambelhado também. Em troca de quê? Temos medo de quê?

Em impressionante artigo no *Times of London* deste sábado, a excelente Janice Turner, espécie de defensora da moral e dos bons costumes numa Inglaterra que vem fazendo o possível e o impossível para se posicionar como líder da enlouquecida "revolução trans" a nível de imposição de governo nas escolas, nas instituições e em outros pilares da sociedade, conta o caso de um cantor trans que fez um escândalo no Twitter quando lhe recusaram acesso às cabines de prova femininas numa famosa loja de departamentos, Topshop, que reagiu quase imediatamente liberando o acesso de qualquer pessoa "a qualquer cabine de sua preferência no interior das lojas", sem nem levar em conta o óbvio incômodo das meninas semidespidas em suas visitas à loja e às cabines separadas umas das outras apenas por uma leve cortina. E isso, pasmem, ao mesmo tempo que vêm sendo desmascaradas as quase ubíquas ocorrências de abusos sexuais contra meninas e mulheres em quase todas as situações em que homens se encontram em situação de vantagem e força. Agora imaginem a posição privilegiada de um insuspeito predador macho rodeado de adolescentes seminuas num sábado à tarde em Londres!

Sim, porque, como bem lembra Janice Turner, a "celebridade" em questão, sempre de batom azul, usando sapatos fabulosos e com esparsos tufos de barba, pode ser tudo, menos uma mulher. E da mesma forma todos esses ativistas trans que se "sentem" mulheres, mesmo antes de se submeterem à "cirurgia corretiva". Francamente, não passam de doentes mentais.

Pronto. Falei.

O artigo prossegue descrevendo tanto o exponencial aumento da procura de clínicas dedicadas à "cura da disforia de gênero" quanto as alucinadas novas leis no forno da legislação britânica, que permitem que crianças decidam se submeter a tratamentos de mudança de sexo sem a ciência nem a anuência de seus pais e responsáveis, e sem sequer atentar para as consequências futuras, como a infertilidade irreversível e uma vida inteira dependendo de medicação.

Janice lembra ainda — coisa que todos sabemos, mas nos esquecemos de lembrar —que, mesmo levando em conta esse bando de gente que passou a se considerar trans por conta da intensa (e assustadora) propaganda do *lobby* da categoria, trata-se de uma mínima minoria. Bastaria que uns poucos de nós se recusassem a seguir essa onda publicamente e *puff!*, tudo correria o risco de se dissipar no ar como uma histeria passageira, que é exatamente o que isso é. Exceto, claro, para as inúmeras vítimas que já terão se automutilado e se submetido a tratamentos dolorosíssimos para se transformarem no que não são.

Vamos combinar, urge que passemos a fazer isso. Urge que deixemos de ligar para o que pensam de nós esses malucos em minoria, e não estou me referindo apenas à minoria em si, mas também aos malucos que a defendem.

Como li em algum outro lugar, não basta pintar o rosto e as mãos de preto para se transformar num preto — sim, usando o termo "politicamente incorreto" que causou a desgraça de William Waack. E daí? Da mesma forma, não deve bastar passar batom e usar salto alto para se transformar em mulher e passar a usufruir dos (poucos) benefícios auferidos em anos de luta do movimento feminista, entre eles o acesso exclusivo a certos locais e privilégios no trabalho e no empresariado, ao menos no primeiro mundo.

Estava eu ruminando essas coisas quando me deparei com algo muito menos grave e muito mais superficial, mas igualmente incômodo: o noticiário de moda referente aos modelitos usados pela primeira-dama Melania Trump em sua viagem à Ásia na semana passada. Ocupando o posto de primeira-dama há quase um ano — semana passada completou-se um ano da eleição de Trump em 2016 —, Melania "deu um show de elegância e *savoir faire* no estrangeiro", porém, usando figurinos de designers europeus, entre eles um de seus favoritos além de Doce & Gabbana, o espanhol Delpozo, que está faturando horrores com a propaganda gratuita de Melania. Isso, depois de famosos designers norte-americanos terem se recusado a vestir a primeira-dama por "divergências ideológicas". Os poucos que tentaram se viram "atacados" por boicotes dos progressistas a suas lojas, o que poderia ser considerado um motivo razoável para sua militância sem sentido. Mas hoje, um ano depois, estão amargando um senhor prejuízo, enquanto sua "não musa" desfila sua beleza pelo mundo. Bem-feito para eles.

Quanto a nós, pessoas comuns, trabalhadores que não vivem em função da fama, não vejo a menor justificativa para a defesa de bandeiras insanas em nome de uma suposta popularidade em redes sociais que não nos ajuda absolutamente nada. Ninguém se sente, ou, pelo menos, não deveria se sentir nem um pouco mais satisfeito consigo mesmo por ser considerado "legal" por meia dúzia de amigos de Facebook, francamente. Mais ainda quando ficamos sabendo, como também foi divulgado esta semana, que o Facebook conscientemente manipulou as emoções humanas ao criar sua plataforma de "interação social". Um de seus fundadores, Sean Parker, confessou em entrevista que "só Deus sabe o que [a rede] está fazendo com os cérebros das crianças".

É de amargar. Não custa lembrar que, da mesma forma como pintar o rosto de preto ou usar batom e salto não transforma ninguém em preto ou em mulher — ou ter barba no rosto e pelos pelo corpo não transforma ninguém em homem, caso seja a mão contrária —, ter amigos na rede social tampouco equivale a ter amigos no mundo real.

Trata-se de uma vida de faz de conta esta que vivemos hoje em dia, meus amigos, e já passou da hora de a gente despertar, não é mesmo? Lembrando "Star Wars", já que ontem finalmente assisti à versão mais recente da saga: "Nós temos a força".

MINHAS AMIGAS ESTÃO MORRENDO DE CÂNCER

Umas das coisas meio aflitivas de morar fora do seu país é que a gente dificilmente fica sabendo quando alguém morreu, digo, pessoas amigas, não aquelas mortes e doenças graves de gente que não conheço e que são postadas regularmente no Facebook, mas de gente que conheço de verdade. De cujos falecimentos, aliás, também fico sabendo pelo Facebook, muitas vezes com enorme atraso.

Recentemente, perdi duas amigas, uma mais íntima que a outra, ambas na minha faixa de idade. Na minha idade, além da tristeza e da saudade, isso provoca duas reações opostas: a primeira, uma certa e penosa indiferença, pois, afinal de contas, a gente vai se aproximando da morte cada vez mais à medida que envelhece; a segunda, uma espécie de alívio por ter escapado com vida até agora.

Beatriz Berman faleceu em julho, em Buenos Aires. Era argentina, *mucho loca*, e eu não fazia ideia de que estava gravemente doente.

Conheci a Beatriz quando certo dia, assim, do nada, ela adentrou com seu marido um bar de vanguarda que eu tinha em Botafogo, na Rua Visconde Silva, o Graal. O Graal era um bar que não era bem bar, mas uma mistura de bar, teatro, exibição de vídeos e encontro de amigos, que, como quase tudo que fiz nesta vida, dava muito prazer, e quase nenhum dinheiro. Tinha uma decoração bem original para a época (1987), com as paredes meio destruídas — semirrevestidas de azulejos antigos, alguns arrancados e outros bem rachados, que eu mesma tinha me encarregado de "tratar" com uma marreta. Beatriz me disse que parecia que estava em Barcelona. Ficamos amigas.

Beatriz era uma figura exótica, com uma conformação corporal muito diferente, em formato de pera, e um cabelo flamejante, de cores mutantes, e usava frequentemente óculos escuros marcantes. Parecia destoar de seu marido, mais tradicional, embora gostasse de vestir umas estranhas camisas estampadas de fundo tropical, mas por muitos anos os dois se deram bem e ele parecia amá-la bastante, até que... bem. O casal tinha uma filha, que conheci quase bebê e vi crescer. Frequentei a casa da Bia no Rio, que também era excepcional e fora do comum, localizada, se bem me lembro, num canto inesperado de Copacabana. Depois ela se mudou para um apartamento na Figueiredo de Magalhães e, finalmente, para um sítio em Itaipu, onde, apesar das promessas, nunca a visitei.

Ela e o marido eram amigos do Márcio, "dono" da Fundição Progresso, onde mais tarde trabalhei por um período, e a Beatriz não só participou como pintora, como me deu um grande apoio no famoso Projeto Arqueos — uma figura realmente inesquecível.

Durante anos, discutimos vários projetos, o último deles um livro de fotos maravilhoso sobre as orquídeas que ela cultivava em Itaipu. A seu pedido, escrevi o prefácio e dei um orçamento para editá-lo, já pela KBR, mas que eu saiba o livro nunca foi publicado.

A última vez que a vi foi quando vieram, ela e Alberto, me visitar em Itaipava quando eu estava sozinha, porque o Alan passava uma temporada nos Estados Unidos. Chegaram animados, carregados de guloseimas do Alemão, e na época fiquei meio assustada com a sacola de remédios que a Beatriz carregava.

Nem sabia que ela estava sofrendo de câncer.

Tenho me lembrado muito dela esta semana, porque estou sozinha, Alan está passando uns dias na Califórnia visitando nosso filho mais velho e não há por aqui nenhuma Beatriz para vir mitigar a minha solidão.

Sua morte me fez lamentar mais ainda ter perdido, na bruma das muitas mudanças a que fui submetida, uma incrível aquarela de sua autoria, da coleção "Viúvas de Gardel". A aquarela se foi, mas ainda me lembro do brilho vívido das pérolas ao redor do pescoço envolto em rendas de sua insólita viúva.

A outra amiga era bem menos íntima e mais famosa do que a Beatriz. Éramos bem mais afastadas, mas nem por isso sua morte me chocou menos. Morreu antes da Beatriz, mas só fiquei sabendo ontem, através de um comentário no Facebook sobre sua (não) participação num certo prêmio literário porque havia falecido.

Mas a Elvira morreu? Como assim?

Elvira e eu nos conhecemos não me lembro bem como. Lembro-me vagamente de ter pedido para encontrá-la por conta de um livro seu, eu acho, e combinamos de tomar um café no Heinz, no Leblon, ou talvez no Kurt. Elvira morava no Rio naquela época.

Não sei por que, nos topamos, e mantivemos uma breve amizade, antes de ela se mudar para São Paulo e eu para Itaipava, e mais tarde para os Estados Unidos. Durante esse tempo, trocamos informações profissionais e compartilhamos uma aflição mútua para fazer algum dinheiro. Elvira certa vez me pediu uma dica para trabalhar como "legendadora de filmes", um trabalho a que eu tinha me candidatado, mas não tinha conseguido, porque "gostava de se manter sempre ocupada". Tal é a vida dos escritores no Brasil.

Isso, é claro, foi antes de ela se tornar famosa, tendo sido considerada "um dos nomes mais importantes da literatura contemporânea brasileira" a partir de 2010, quando foi premiada por *Nada a dizer* — uma Elvira que já não conheci.

Lembro-me claramente de um dia em que almoçamos juntas no Shopping Leblon, com nossos maridos, porque eu queria que ela lesse o romance em que estava trabalhando, na época intitulado *Hierosgamos* e publicado mais tarde pela KBR com o nome de *Sem graus de separação*. Anos mais tarde, quando nos reencontramos no Facebook, Elvira me disse o seguinte: "Eu sei que você pensa que eu não li o seu romance e o joguei no lixo ainda no restaurante, mas você está enganada". Como ela poderia saber que eu tinha pensado exatamente isso? Porém, para meu desalento, nem assim ela me deu sua opinião.

Nesse famoso almoço, me lembro de ter ficado muito espantada quando escutei a defesa que Elvira fez de Tati Quebra-Barraco, estrela do funk carioca, afirmando que se tratava de um progresso para as mulheres, de um sinal da força e energia femininas. Como aquilo era possível? Eu já tinha lido o *Deixei ele lá e vim*, à época publicado recentemente, e tinha entrado em contato com o universo de que a Elvira gostava. Hoje, pensando bem, faz todo o sentido que ela gostasse de funk.

Em nossas conversas, se sobressaía essa Elvira contundente, de opiniões fortes e sem papas na língua, que, ao que parece e pelo que li na mídia, "se revelou com clareza" no último livro que ela publicou em vida, pouco antes de sua morte, esse aí para o qual está sendo discutida sua participação no tal prêmio literário. A premissa de sua morte como impedimento dessa participação é absurda, mas não seria surpresa para Elvira, que tinha perfeita noção de seu desempenho como profissional e do mercado de que fazia parte: li na *Folha* que ela não queria que ninguém soubesse de sua doença para "não deixarem de convidá-la para eventos". *Et pour cause.*

Um outro pensamento terrível que me passou pela cabeça quando soube de sua morte foi que "ela não precisava mais se preocupar com ganhar dinheiro".

Nunca compartilhei da visão de vida da Elvira, e, hoje em dia, embora ela seja, ops, fosse excelente escritora e dona de estilo próprio, marcante, muito original, não me interesso pelo universo radical e violento que ela abordou em sua obra. Em meu trabalho pessoal, embora seja muito crítica, prefiro mostrar o amor regular de pessoas banais como eu mesma, o universo íntimo de mulheres que habitam um mundo burguês, careta, meio clichê. Enfim, gente comum, como a gente encontra nas esquinas desta vida, e ainda assim, vivendo uma vida onde o valor mais importante é o amor e, por que não dizer, um casamento monogâmico, heterossexual e estável, apesar dos muitos conflitos.

Nem por isso fiquei menos triste com a morte da Elvira, de câncer de mama, ainda "jovem", com apenas 69 anos de idade.

Fica no ar a pergunta: por que as amigas da minha faixa de idade estão morrendo de câncer? Não estou doente, mas... Serei a próxima?

Calor de verão: memória, amizade e traição

Ando meio estressada, admito, ainda de ressaca por conta das dificuldades da obra da nossa casa, dos compromissos assumidos em terra estrangeira e da quantidade de mudanças que me obrigo o tempo todo a enfrentar. Na última semana, por exemplo, somando ao novo domicílio físico a mudança de endereço do meu maior e mais importante projeto atualmente em execução, o portal de notícias Crônicas da KBR.

É bem verdade que, em geral, não tenho a menor piedade nem compaixão por mim mesma, mas nada me preparou para o piripaque que enfrentei ontem pela manhã, diagnosticado pelo Dr. Alan Sklar — doutor de araque, é claro — como "insolação".

O fato é que, entre as 9 da manhã e um horário indefinido de ontem, sábado, esta cronista que vos escreve esteve fora do ar. Literalmente. "Dessintonizei", se é que vocês me entendem, como um satélite de TV em dia de temporal, e tive meu cérebro temporariamente reduzido àquele chuvisco típico sussurrando na tela.

Foi assustador. Quando "voltei", custei um bocado a entender o que havia acontecido. Estava vestindo uma camiseta preta. Meu cabelo estava úmido. Havia um copo de Coca-Cola na mesa de cabeceira. Eu estava morrendo de fome, e pior, sem que soubesse como, eram quatro da tarde e nem havia editado ainda a crônica do dia, como vocês devem ter percebido.

No Skype — que, para piorar, enquanto eu estava "fora" atualizou seu site no celular, adicionando opções de cores e substituindo seu logo tradicional por uma cobrinha dançante (ou será que estou variando?) — estava uma das provas de que algo muito estranho estava acontecendo. Havia uma mensagem do Alan enviada às 11h20, dizendo o seguinte: "Com a síncope, ocorre a redução temporária do fluxo sanguíneo, inclusive para as regiões que controlam a memória, como o hipocampo e o sistema de ativação reticular". E duas horas depois, às 13h12: "Juntas, essas descobertas sugerem que o estresse por calor pode levar à ativação das células gliais e à indução de moléculas inflamatórias no hipocampo, o que pode causar perda de memória".

Pois é. Com a minha herança maldita, considerem meu estado de pânico ao perceber que não me lembrava de nada que ocorrera nas últimas horas. Alan me disse que fomos à loja comprar uma pá e um ancinho, o que pode ser confirmado pelo e-mail enviado pela operadora do cartão usado para pagar a compra. De volta em casa, peguei a pá e fui lá fora trabalhar, sem chapéu, sob o sol de verão, ansiosa para instalar o duto de escoamento de água para evitar futuras tragédias e uma erosão descontrolada no nosso terreno, causada por chuvas e temporais, um deles ocorrido na noite anterior e com vários outros prometidos para a semana que vem. Ainda segundo o Alan, coloquei várias pedras para manter o duto no lugar (as pedras estão lá) e em seguida entrei em casa, desorientada, suja de terra, chorando, dizendo que o duto estava desconectado e me repetindo obsessivamente. Ele teve ainda o cuidado de anotar num papel toda a conversa para dirimir dúvidas (e loucuras) futuras, outra evidência sendo as roupas cheias de terra no cesto de roupa suja da lavanderia.

Não é a primeira vez que isso me acontece. Da primeira, ocorrida há mais de 20 anos durante umas férias na praia junto ao meu *"paramour"* do momento, não me ocorreu que pudesse ter sofrido uma insolação, que já tinha experimentado no Peru, com delírio e febre alta — sintomas que não tive nem ontem, nem há 20 anos. Perdi a consciência por um período indefinido de tempo e, quando voltei a mim, estava sentada sozinha à beira da estrada, chorando. Sem saber o que fazer ou o que pensar, me levantei e voltei caminhando para a casa onde estávamos hospedados. Lá chegando, perguntei ao Cláudio o que havia acontecido, por que eu estava sozinha, por que ele havia me deixado lá, e o que tinha feito para me fazer chorar tanto.

Ele nunca quis me contar. Durante anos insisti em perguntar, e tentei por todos os meios recordar o que havia perdido, inclusive em sessões de terapia. Mas nada adiantou.

Desta vez, duas diferenças: a primeira é o conforto da confiança absoluta que deposito no Alan, apesar de nossas muitas brigas e discussões quanto a quase tudo; a segunda, bem pior, é a consciência de que talvez, um dia — que, em tese, se aproxima cada vez mais — sucumbirei ao mal de alzheimer (com minúscula, por favor), possibilidade felizmente deixada de lado à medida que percebo que minha cognição não foi afetada em nada e meu cérebro continua em plena forma. Estou apenas com sono, provavelmente por não ter conseguido dormir direito devido ao medo de "me perder" mais uma vez.

Amor e confiança à parte, um fato curioso é que Alan também está se recusando a me contar detalhes do evento além do que se preocupou em registrar. Desta vez, no entanto, a "experiência" me aconselhou a, simplesmente, desistir de tentar lembrar. Estou procurando me consolar com a evidência da dor nas costas, que provavelmente comprova minha atividade com a pá. Pobre Alan, deve ter passado por um susto danado.

Fica a pergunta: o que será que minha personalidade lunática se permite fazer que torna tão dolorosas as suas revelações?

Provavelmente, nunca saberei, e terei que me conformar, já estou conformada. Enfim, apesar do cansaço e da cabeça pesada, que somente agora, mais de 24 horas depois, está começando a melhorar, passei a noite tentando me lembrar de coisas ocorridas recentemente, para excluir a possibilidade do alzheimer. Realmente, me lembro de tudo com detalhes, com exceção daquelas algumas poucas horas. No resto do dia de ontem ainda fiquei meio sem noção de tempo, tentando compensar, mas agora, enquanto escrevo, já estou de volta ao meu estado normal, graças a Deus. Melhor deixar o resto pra lá.

No entanto, enquanto eu estava perdida e desmemoriada, ocorreram coisas muito mais sérias do que a mudança de "cara" do Skype no celular. Várias horas depois de ter voltado à consciência, tomei ciência através de um e-mail de que algo muito grave havia acontecido exatamente durante aquelas horas, e que uma pessoa de minhas relações, na qual confiei incondicionalmente por mais de oito anos, havia perpetrado um ato de traição durante a minha ausência.

Tive a louca, absurda sensação de ter "sido tirada do ar" por algum guia espiritual ou outra bobagem do tipo, para evitar o choque dessa revelação, muito mais incômoda e marcante do que a síncope que havia sofrido.

Aos 65 anos de idade, imaginem, tenho o hábito insalubre de me abrir e confiar nas pessoas, transformando colegas de trabalho em amigos, e, ao que parece, estou velha demais para aprender. Mas depois de oito anos... e de dezenas de oportunidades para comprovar a fidelidade... Pior, possivelmente por causa de dinheiro, e bem menos que 30 dinheiros...

Ah, ok. Talvez a ampla crise financeira, ética e moral que assola o Brasil — sim, a pessoa em questão mora no Brasil, e mais não direi — sirva de desculpa viável para essa atitude deplorável.

A concorrência, tudo bem, é normal no mercado. Não encaro como traição, por exemplo, o fato de trabalhar como tradutora como minha amiga Clarisse, que é mais experiente, e, com frequência, me dá dicas do setor, mas isso porque Clarisse é uma ótima pessoa e sempre se coloca como colega, não como concorrente. Nunca, porém, seria capaz de ligar e oferecer meus serviços "a preço mais baixo" para um de seus clientes, mesmo que, no fundo no fundo, precisemos dar prioridade à nossa própria sobrevivência... Sabem como é, como naquela velha história dos "rápidos ou famintos".

Nunca, porém, deixando de lado a noção de que somos humanos, seres sociais e, por que não dizer, também espirituais. Sem o respeito ao próximo, sem amor, sem a valorização da fidelidade e da amizade, e pelo menos uma mínima possibilidade de transparência e confiança, somos menos que humanos na verdade, não pessoas, joguetes mentais navegando sem rumo no arremedo de vida das redes sociais.

No mais, celebremos a memória, a lucidez, as oportunidades, o amor e a amizade, enquanto tais coisas existem e persistem para serem celebradas, não é mesmo?

Maravilhas da natureza

O dia chegou. É hoje.

Apesar de todos os conflitos, passeatas, protestos, estátuas derrubadas, terrorismo, ameaças ao presidente e outros evidentes sinais de que o fim do mundo se aproxima, na tarde de hoje um valor mais alto se alevanta: a maravilha da natureza.

É hoje o dia do eclipse solar total, o primeiro a atravessar a América de costa a costa em 98 anos. Milhões deixaram suas casas para chegar à faixa de totalidade, que inclui 14 Estados da federação, entre eles o nosso, Carolina do Sul. Greenville, onde moro, é um dos destinos principais para a observação da totalidade. O evento celestial é tão perfeito, tão divino, que está tendo lugar, pasmem, durante as férias de verão. Até a Fox News se instalará por aqui.

Não é pouca coisa. Observar um eclipse total do sol é um dos maiores sonhos da minha vida, e há 65 anos e meio venho esperando por ele. E agora, imaginem, vou observá-lo neste esplêndido dia ensolarado — que continue assim, sem nenhuma nuvem — da varanda da minha nova casa.

Lembro-me de um dia em 2006, bem no início do meu casamento com o Alan, quando um eclipse total foi visível no norte do Brasil e eu quis viajar, mas ele não quis. Naquele dia, fiz planos de viajar aos Estados Unidos em 2017, uma data que me pareceu extremamente distante. Estaria viva até lá? Além desses, tinha feito planos nunca realizados de ir à Ilha de Páscoa (2010, pleno de significado "espiritual"), ao Caribe (não lembro a data) e a outros mais. Sou uma espécie de "caçadora de eclipses frustrada".

Um eclipse total do sol — dizem os chatos e os especialistas, querendo demonstrar que não é grande coisa — não é um evento raro, ocorrendo mais ou menos a cada dois anos. Muito raro, porém, é ter um desses com a faixa de totalidade perto da sua casa, e mais raro ainda, bem na sua casa. Provavelmente, um acontecimento único na vida.

O próximo desses a ocorrer aqui na Carolina, por exemplo, será em 30 de março de 2052, exatamente no meu centenário. Dificilmente estarei viva até lá, rsrs. Para nem mencionar que tampouco sei se viverei na Carolina do Sul para o resto da vida.

Evidentemente, não planejei vir morar em Greenville, quer dizer, vender minha casa no Vale, deixar o Brasil, comprar um terreno em Greenville — local do qual nunca tinha ouvido falar — e construir outra casa lá, onde, pontualmente, em 21 de agosto de 2017 — hoje — eu estaria morando, a postos para observar o eclipse total. E mais, com a plena certeza, apesar do que até ontem à tarde ameaçava a meteorologia, de que teríamos um dia ensolarado.

Tudo isso, obviamente, foi não mais que uma feliz coincidência, mas que dá uma tentaçãozinha de ver neste plano perfeito a mão do destino, isso dá.

Enfim, pretendo atualizar este editorial bem fora do convencional assim que o eclipse terminar, com fotos pessoais. Oba. O estoque dos óculos especiais se esgotou, mas a vossa editora aqui foi previdente o suficiente e já recebemos os nossos pelo correio, há mais de dez dias.

O que importa num dia como hoje é perceber que existe uma natureza maravilhosa, poderosa, e plenamente capaz de nos propiciar todo o prazer de que a nossa vida possa carecer, bem para além das nossas disputas mesquinhas, divisões, diferenças e crenças diárias, exacerbadas como nunca em nossa era digital.

"Por milênios", escreve o *Washington Post*, "em dias como este nossos ancestrais se sentiram cheios de respeitoso temor, medo, maravilhamento. Eclipses deram origem a mitos, alteraram sistemas de crença, reformularam o modo como civilizações inteiras viam seu mundo".

Eu pretendia ter sido original, mas, como a constatação é muito óbvia, o *Washington Post* (e provavelmente muitos outros jornais) saiu na minha frente: "E aí, América, esqueçam tudo o mais por um minuto. Existem coisas maiores nesta galáxia. Que nos ultrapassam. Que podem nos unir. Basta olhar para cima".

A FRITURA DO RASPUTIN AMERICANO

Entra dia, sai dia, e o clima midiático aqui nos Estados Unidos continua acalorado. No rastro dos conflitos em Charlottesville, a esquerda progressista — carinhosamente apelidada por alguns de "regressiva", *et pour cause* — está *exigindo* a cabeça de altos oficiais da Casa Branca rotulados como membros da odiada "supremacia branca", entre eles o futuro ex-poderoso Steve Bannon.

Bannon, vamos combinar, foi uma figura controversa desde o início desta administração. Ex-editor do portal conservador *Breibart News,* foi acusado de ser racista, antissemita, sanguinário e comedor de criancinhas, tudo contestado por quem o conhece de perto e trabalhou com ele, inclusive no *Breibart News.*

Como a maioria das pessoas neste país, não conheço Bannon pessoalmente, e resta-me a opção de acreditar no que dizem ao atacá-lo ou em sua defesa, armada somente daquilo de que disponho: a intuição e o bom senso. Por isso fui grandemente surpreendida pela história da entrevista "secreta" concedida por Bannon à revista — pasmem, progressista — *The American Prospect.*

De acordo com o artigo, Bannon telefonou para o

repórter que redigiu a matéria, para, como se pode ler, fazer um bando de declarações controversas, bem no meio da fogueira armada pelos supremacistas na Virginia, o que é tão ou mais motivo de espanto do que o evento similar que derrubou Anthony Scaramucci há umas duas semanas, depois de pouco mais de uma semana como Diretor de Comunicação da Casa Branca. Scaramucci, aliás, ainda desempregado, declarou esta semana no programa de Steve Colbert que, se pudesse, "demitiria Bannon".

O mais provável é que ambos terminem na rua da amargura, como resultado de seus atos "impensados", aí incluído o de telefonar para um notório jornalista da "oposição". Por que esses dois homens, experientes no negócio da mídia, fariam isso? Burrice? Autossabotagem?

Hum. Não sei. Tem algo esquisito aí. Como Scaramucci, além de apelar de verdade em suas revelações — Scaramucci disse que Bannon "chupava o próprio pau", e Bannon declarou que seus rivais estavam "se mijando" —, Bannon atacou posições caras ao chefe, afirmando que "não há solução militar [para a Coreia do Norte] enquanto não for resolvida a questão dos 10 milhões de pessoas que seriam mortas em 30 minutos em Seul por armas convencionais". E concluiu: "Eles nos pegaram".

Logo em seguida ao tumulto na Virgínia, Trump defendeu seu assessor — digo, estrategista-chefe — na TV, mas nem tanto: "Bannon é um bom homem. Posso afirmar que ele não é racista. Mas vamos ver o que vai acontecer com ele".

Fica meio claro que o destino de Bannon já está decidido. Em outra ocasião, o próprio Bannon já declarou que "não esperava durar mais de oito meses na Casa Branca", dando a entender que já estava tudo planejado de certa maneira.

Com o aumento assustador das teorias de conspiração para explicar a loucura de nossos dias, não custaria muito elaborar mais uma: vai que esses assessores que parecem "enlouquecer de repente e dar sua cabeça numa bandeja através de declarações à mídia rival" estariam apenas cumprindo sua parte numa espécie de acordo vantajoso para deixar o governo sem "manchar a reputação de Trump"?

Só rindo. Trump não tem mais nenhuma reputação para ser manchada, tudo virou uma mancha só.

Enquanto isso, vozes que eu costumava achar sensatas parecem estar procurando um caminho de dar razão a Trump sem, no entanto, dar o braço a torcer reconhecendo algum valor em seu arqui-inimigo — o que, certamente, pegaria muito mal para a "galera" politicamente correta. Em artigo intrigante no *New York Times*, David Brooks começa atribuindo a Trump a responsabilidade por todos esses conflitos, mas termina dizendo que, numa era de alta ansiedade como a que estamos vivendo, torna-se muito necessário exercitar a "modéstia", considerada por ele "a mais efetiva resposta ao fanatismo". E explica: "Não se atinge o progresso esmagando um magote de inimigos malévolos, mas buscando o equilíbrio entre verdades rivais — entre liberdade e segurança, diversidade e solidariedade".

Brooks está certo. Prosseguir nesse caminho de violência e anarquia só poderá ter como resultado a aceleração do fim da civilização.

Ainda sobre a destruição sistemática de monumentos iniciada em Charlottesville — na madrugada de terça quatro desses monumentos à guerra civil americana foram silenciosamente retirados de seus pedestais em Baltimore — Alan comentou no Skype indagorinha, lembrando *1984*, do profeta George Orwell: "Todos os registros foram destruídos ou falsificados, todos os livros foram reescritos, todos os quadros foram repintados, todas as estátuas, todas as ruas, todos os edifícios renomeados, todas as datas foram alteradas. E o processo continua dia a dia, minuto a minuto. A História parou. Nada existe além de um presente interminável no qual o Partido tem sempre razão".

É para isso, meus amigos, que parecemos estar caminhando. Quem se recusar a viver num mundo assim que atire a primeira pedra.

Enquanto escrevo, a mídia em peso, e mais os empresários que pressionaram Trump a ponto de o presidente decidir dissolver os conselhos de que participavam, continuam aumentando o cordão dos que condenam as declarações do presidente distorcendo o que ele disse, na direção de rotulá-lo como "supremacista branco".

Perdoemos. Não percebem o que fazem.

"Fogo e fúria": quem é mais macho?

"Os americanos devem dormir tranquilos", disse o Secretário de Estado Rex Tillerson ainda há pouco na televisão, com aquela voz de barítono cansado. Mas o que estamos presenciando desde ontem é uma tempestade de notícias sobre o aumento de tensão entre a Coreia do Norte e os Estados Unidos, com a temperatura subindo ainda mais por conta da retórica inflamada dos dois lados.

Trump, informado pelos serviços de inteligência de que Kim Jong-un conseguiu, finalmente — e não pretendo com isso parecer triunfante, de jeito nenhum —, criar uma ogiva nuclear pequena o suficiente para caber em seus mísseis intercontinentais, resolveu soltar o verbo e agitar as coisas, mas Tillerson afirma que se trata apenas de "linguagem diplomática", coisa que o ditadorzinho norte-coreano parece não entender, ainda de acordo com o nosso secretário.

Como interpretar a promessa do nosso presidente de reagir com "fogo e fúria, como jamais se viu neste mundo", mais ainda depois de tantos argumentos eleitorais no sentido de que nosso exército e arsenal se encontravam defasados, reduzidos e decadentes após oito anos de Obama?

O tuíte de Trump no sentido de que sua "primeira

ordem como presidente foi renovar e modernizar nosso arsenal nuclear" traz pouco alívio, mesmo querendo acreditar que o arsenal agora está "muito mais forte e poderoso do que nunca antes". Pessoalmente, estou farta de retóricas do gênero "nunca antes neste país". Por outro lado, como permitir que um paisinho safado como essa Coreia do Norte — com o perdão do pobre povinho que Deus pôs lá — nos tire o sono e a tranquilidade?

Na TV, o repórter está dizendo que estamos à beira de uma guerra. Já pensaram nisso?

Um artigo do *Daily Mail* informa que, para completar, a Rússia deslocou equipamento pesado para a fronteira sul com a Coreia do Norte no início do ano (estamos falando de 2017), e esta semana armou uma "ameaçadora" demonstração de seu poderio militar numa parada em Vladivostok, a apenas 160 quilômetros dos coreanos. Por seu lado, a China "executou um exercício militar em larga escala, com dezenas de navios, aviões e submarinos próximos à península coreana nesta segunda-feira, poucos meses depois de deslocar 150 mil soldados para sua fronteira com o vizinho mal-intencionado.

Como resposta mais imediata, enquanto não mira o Alasca, Detroit e Chicago — pode haver algo mais assustador? — Kim Jong-un está ameaçando direcionar seus mísseis para a ilha de Guam, um território norte-americano mais próximo da Coreia do que, por exemplo, o Havaí, com 30% de seu espaço ocupado por uma base militar. Mais literalmente, Kim prometeu "envolvê-la em fogo".

Resumindo, um ataque a Guam seria um ataque aos Estados Unidos, mas Tillerson, que está na ilha neste momento, disse que não há perigo imediato. Tudo não passa de troca pesada de palavras, pelo menos por enquanto.

Esse agravamento da situação é decorrência da

aprovação pela ONU, no último fim de semana, de um novo pacote de sanções contra a Coreia do Norte, com a rara adesão de China e Rússia, resultado de "intensas conversações", de acordo com a embaixadora americana Nikki Haley.

Enfim, fico pensando se essa tempestade verbal vai ser usada em âmbito doméstico para "unificar" o super dividido cenário partidário interno aqui nos Estados Unidos. Nada como um inimigo comum, real e perigoso, não é mesmo? Já funcionou, recentemente, no Oriente Médio, com vários países árabes se unindo a Israel contra o Irã.

De toda forma, fica difícil seguir o conselho de Tillerson quanto a "dormirmos tranquilos", mas o que se pode fazer? Melhor relaxar e aproveitar a vida, porque fica muito complicado confiar na sanidade mental de Kim Jong-un — e, cá entre nós, até na de Trump, uma sensação praticamente inescapável, em decorrência da intensa propaganda da mídia contra o presidente.

Como se vê, com todos os problemas, a vida às vezes é mais fácil no Brasil.

O INTRÉPIDO TRUMP
ABAIXO A CULTURA DOS TRANSGÊNEROS

Vocês devem ter percebido que passei uns bons cinco dias sem escrever editoriais, enquanto me dedicava a migrar todos os nossos sites para um servidor americano. Fiquei completamente absorta na complexa tarefa e observando de longe o que acontecia no mundo.

Foi uma experiência rara, antiquada e enriquecedora: dar tempo ao tempo para que se desenrolem os acontecimentos.

Esta semana em especial, ignoro o motivo, a Casa Branca parece ter entrado numa espiral mortal de autodestruição e boicote interno, e o presidente Donald Trump vem sendo exposto como um brucutu ignorante e truculento sem a menor noção do que está fazendo.

Está colando. Até eu estou quase acreditando.

Um dos mais graves problemas foi a nomeação de Anthony Scaramucci e o consequente pedido de demissão do porta-voz da presidência Sean Spicer, substituído por sua vice Sarah Huckabee Sanders, que não tem um centésimo do charme e do humor de Spicer. A questão é que Scaramucci vem sendo exposto como um brucutu ignorante e truculento, quase tão ignorante e truculento como o chefe a quem se subordinou. Uma boa piada foi uma montagem de vídeo mostrando Trump de um lado e Scaramucci do outro, ambos executando os mesmíssimos gestos exagerados.

Um dos capítulos mais "danosos" à Casa Branca, numa longa lista de um número inédito de capítulos extremamente danosos, foi a incompreensível entrevista dada por Scaramucci à revista *New Yorker*, na qual, usando termos bem pesados, o novo diretor de comunicações baixou o sarrafo no chefe de gabinete Rience Priebus e no Rasputin de segunda categoria Steve Bannon, com todas as esperadas terríveis consequências. Onde Scaramucci estava com a cabeça quando "ligou" para o repórter da revista, com o intuito de desabafar e aliviar sua tensão?

Não dá para entender. Ontem à tarde, Scaramucci pediu desculpas e disse que errou ao "confiar" na imprensa. Mas... um diretor de comunicações que não entende a imprensa de hoje em dia? Pode isso?

Outra questão interminável é a disputa incompreensível deslanchada no Twitter — sempre lá — entre Trump e seu procurador geral Jeff Sessions, que Trump vem insistindo em desmoralizar em público. Não faço ideia do que Trump anda pensando, ou... se ele não passa mesmo de um brucutu, como afirma a maioria, mas uma vez que o presidente se posicionou contra Sessions, seu apoiador de primeira hora e um dos correligionários mais fiéis desde o início da campanha eleitoral, mesmo aqueles que detestavam Sessions passaram a apoiá-lo e apreciá-lo, sabem como é: "Um valor mais alto se alevanta", como diria o velho Camões.

Tenho gostado, em geral, do "endurecimento legal"

de Sessions, mas, ao contrário dos muitos milhões de especialistas no país, não faço ideia se ele está sendo mesmo eficiente ou não. Minha experiência ao longo do último ano é que, no final, a gente acaba percebendo que Trump sempre tem razão, apesar de sua absoluta falta de jeito e de tato.

No entanto, confesso que esta semana titubeei, ou melhor, estava titubeando em meu controverso apoio ao presidente, até que... Trump publicou outro tuíte dizendo que, a partir deste momento, os transgêneros não serão mais aceitos no exército americano.

Você sabem que essa é a minha bandeira máxima, uma das principais razões por trás de meu apoio a Trump. Vibrei.

Desde segunda-feira está aberto aqui no meu navegador um artigo do *Times of London* explicando como, na Escócia, a atual tendência a valorizar o transgenerismo, inclusive nas escolas primárias do Reino Unido — isso mesmo! —, está "enevoando e confundindo as mentes dos jovens". Numa fase da vida em que tudo já é bastante confuso, mais ainda a sexualidade, meninos e meninas que jamais teriam que enfrentar tais questões estão se debatendo em dúvidas. O artigo é arrepiante, e informa que o número de jovens que se consideram "transgêneros" aumentou 500% no país.

Não admira. A nova lei educacional do Reino Unido obriga as escolas primárias a dar aulas sobre o transgenerismo, e uma professora avançadinha até instituiu um dia para que cada criança "experimentasse" o sexo oposto. Na mesma linha, uma escola ortodoxa judaica de Londres está ameaçada de fechar as portas porque se recusou a doutrinar suas aluninhas de 7 e 8 anos de idade quanto à matéria. Nesta mesma semana, no programa de Tucker Carlson, uma psicóloga defendeu que os tratamentos que suspendem a puberdade e as terríveis cirurgias de "correção de sexo" constituem, na verdade, abuso infantil.

Eu estava no auge da minha revolta quando escutei falar do tuíte de Trump, e respirei aliviada. Essa insanidade precisa parar, e as reações contra ela devem começar em algum lugar. E este lugar, aparentemente, seria o tuíte de Trump e sua "limpeza" na área militar.

Vocês não fazem ideia do que ocorreu neste país em seguida à declaração de Trump. Todos os jornalistas dos EUA, sem exceção e independente de sua filiação filosófico-partidária, se solidarizaram com a "causa" dos atacados transgêneros. Um deles, que mantém um programa às três da tarde na Fox, foi quase às lágrimas para criticar a crueldade e o preconceito do presidente. Entre todas as críticas absurdas que escutei — como já disse, estive meio fora do mundo esta semana —, a mais absurda foi a que comparou o "preconceito contra transgêneros no exército" ao preconceito militar contra negros que vigorava na época da Segunda Guerra. Como alguém de posse de suas faculdades mentais pode comparar um julgamento sem sentido relacionado à cor da pele com essa criminosa histeria de "pessoas não-gênero"?

Ora direi, será que todos perderam o senso?

A conclusão final é que, com todos os seus problemas e inabilidades, Trump teve muita coragem de dar o necessário, imprescindível primeiro passo para salvar a humanidade dessa praga. Não me refiro, é claro, aos raríssimos humanos que nascem com um problema de gênero, e que são, não custa enfatizar, em número reduzidíssimo, nada a ver com essa "normalidade" que estão querendo nos empurrar goela abaixo. Infelizmente, a pressão está tão grande que os militares estão sendo forçados a colocar panos quentes na situação e a retardar a ação recomendada pelo presidente, que, por enquanto, se limitou ao Twitter e não tramitou nos meios convencionais.

Mas o primeiro passo foi dado, e isso ninguém nos tira. Como disse no outro dia um leitor meu que é meio empolgado, viva Trump! Aquele que não tem medo da verdade, principalmente das verdades mais inconvenientes!

QUANTO MAIS QUENTE MELHOR

O assunto está enjoadíssimo, mas o que eu posso fazer, se o *Guardian*, em sua edição de hoje, em vez de dar destaque ao fato de a Coreia do Norte estar investindo num míssil não-nuclear mais barato e mais efetivo, com o objetivo de exportá-lo e angariar fundos — o que, segundo analistas, traz em si o risco de alterar o "equilíbrio" de armas no mundo, colocando um perigo em potencial nas mãos dos "caras do mal" como Síria, Hezbolá, Iêmen e rebeldes do Iraque —, ou, mais cá para o nosso lado, enfatizar a ameaça de guerra civil e morte nas ruas da Venezuela, após as eleições claramente fraudulentas para a Constituinte no fim de semana, optou mais uma vez por amedrontar os pobres leitores com a "notícia" de que, passados seis meses, o ano de 2017 já se afigura como o "segundo mais quente jamais registrado", perdendo apenas para 2016. Segundo o jornal, isso seria mais grave ainda porque, ao contrário de 2016, 2017 "não está sob a influência de um El Niño".

Vamos combinar, até a morte aos 89 anos de Jeanne Moreau, a eterna bela francesa do clássico "Jules et Jim" (François Truffaut, 1962), mobiliza mais do que essa questão do clima, pelo menos no meu caso. É uma era que se esvai, e leva consigo os ícones da minha juventude.

Muito mais interessante do que essa manipulação que já deu o que tinha que dar, embora os "progressistas e ambientalistas" continuem insistindo que se trata do "maior perigo enfrentado pela humanidade", é o artigo do *Wall Street Journal* também publicado hoje, e que explica que, mesmo que exista, o aquecimento poderá ser banal, não será forçosamente dramático, podendo até mesmo ser benéfico em alguns casos. A vida no Canadá, por exemplo, poderá melhorar bastante com invernos mais amenos. Quanto ao derretimento das calotas polares que, segundo o jornal, causaria problemas em cidades costeiras daqui a 100 anos... bem, como temos tempo, o efeito poderia ser amenizado com o deslocamento de moradores para locais mais altos e mais para o interior. A situação de Miami em 2117, por exemplo, poderia ser similar à de hoje em Roterdam, onde as pessoas vivem muito bem.

No entanto, na contramão da gritaria por "ações para salvar o planeta", os grandes investidores imobiliários americanos *continuam* construindo moradias bilionárias nas duas costas, tanto leste como oeste, e as pessoas continuam disputando o privilégio de comprá-las a peso de ouro. Se existe um medo tão grande de que "o mar vai subir", por que não mudar as leis de zoneamento e ocupação a partir de hoje?

Ah, é mesmo. Os sofisticados ambientalistas da Califórnia não querem abrir mão de suas belas coberturas à beira-mar no valor de milhões de dólares. Preferem ficar protestando nas ruas contra um "projetado" aumento de temperatura da ordem de meio grau.

O jornal lembra ainda que, mesmo em se tratando de meio ambiente, a ameaça de aquecimento está longe de

ser a mais grave que enfrentamos. As águas e o ar poluí-
do, por exemplo, deveriam nos preocupar muito mais, isso
sim, me parece importante. Os bilhões alocados em encontros globais sofisticados como o de Paris em 2015 desviam
recursos consideráveis que, em tese, trariam resultados
irrelevantes, enquanto quantias equivalentes investidas
com inteligência em novas tecnologias nos fariam um bem
muito maior. Mas, por outro lado, não atrairiam tanto o
glamour de Hollywood, não é mesmo?

Como afirma o artigo, "sociedades saudáveis não
desmoronam por conta de pequenos ajustes econômicos
altamente previsíveis, como os descritos pelas análises do
clima. Sociedades são destruídas por conta de guerras,
doenças e caos". E caos é justamente o que os evoluídos
progressistas gostam de provocar com suas causas incômo-
das e fabricadas, como a questão do gênero. Por exemplo,
as "recomendações científicas do Painel Intergovernamen-
tal das Mudanças Climáticas incluem 'reduzir a desigual-
dade entre gêneros e outras formas de marginalização', que
não constituem políticas cientificamente válidas nem com
custo-benefício estabelecido para esfriar o planeta".

Enquanto os muitos encontros e o falatório que en-
sejam constituíam simples curiosidades charmosas, dava
para ir levando. Mas com a situação mundial cada vez mais
tensa e confusa, e os efeitos deletérios de oito anos de ina-
ção internacional por parte dos Estados Unidos, está na
hora de começarmos a levar as coisas a sério e parar de
brincadeira, ou, pelo menos, de enfatizar ameaças que poderão ou não nos afetar em grau mínimo nos próximos
100 anos. Os mísseis norte-coreanos estão aí mesmo, pron-
tinhos para serem despachados, à procura de novos mer-
cados.

Rússia, Rússia, Rússia

O governo de Donald Trump, como todo mundo sabe, vai de mal a pior. Ou ao menos a comunicação do governo não tem sido capaz de explicar ao povo como, na verdade, tem sido eficaz, já tendo cumprido centenas de promessas de campanha, com exceção, é claro, das mais chamativas, como o muro na fronteira com o México e o famigerado plano de saúde para substituir o falido Obamacare. Na comunicação, pelo menos, algo aconteceu, e ninguém sabe que pauzinhos foram mexidos para resolver a questão: o controvertido porta-voz do início tumultuado desta administração, Sean Spicer, pediu demissão.

Foram muitas as piadas em torno de seu nome, que *quase* poderia ser traduzido livremente por "apimentado". Pois é. A mania de trocadilhos é universal.

Sarah Huckabee Sanders, de quem não gosto nem um pouco — acho-a reticente e agressiva, sem um pingo do humor de Spicer, que fará falta, pelo menos por enquanto —, assumiu o lugar de Sean Spicer, de quem era vice. E um novo diretor de comunicações, Anthony Scaramucci, supostamente um seguidor fervoroso de Trump, foi nomeado para o posto de Diretor de Comunicações, departamento que promete "revolucionar". Seu objetivo é fazer com que a população dos Estados Unidos em peso passe a entender e amar Trump como ele próprio o entende e ama.

E por que digo "supostamente"? A mídia, que não perde tempo, detectou que, bem, há cerca de dois ou três anos, Scaramucci andou publicando uns tuítes altamente comprometedores, nos quais se revelava na verdade um adversário de Trump, como, por exemplo, ao se declarar a favor do aborto e contra os "ataques" ao Islã. Em seguida à sua nomeação, "em nome da transparência", como tuitou em resposta a alguns críticos, Scaramucci apagou os tuítes antigos.

O *Washington Post* já saiu na frente ridicularizando o novo diretor, que, "além de passar uma mensagem confusa sobre as sanções à Rússia", não é originalmente da área de comunicação, tendo também, pecado dos pecados, "levantado fundos para Obama em 2008". Na campanha de 2016, apoiou Scott Walker e Jeb Bush, antes de "embarcar no trem de Trump" quando os dois outros foram eliminados nas primárias do Partido Republicano.

Pior ainda, Scaramucci foi definido pelo jornal como um sujeitinho meio cafajeste e ridículo, ao comentar o gabarito do "cabeleireiro e maquiador" de Sarah Sanders, para nem mencionar a sutil e não declarada misoginia, já que Sanders não é exatamente um ícone de beleza. Ih, me desculpem.

Mas tudo isso são apenas firulas. A grande expectativa do dia é em torno do depoimento a portas fechadas do primeiro genro, Jared Kushner, à comissão de investigação do Senado no caso da Rússia, uma polêmica que, em vez de amainar, vem se intensificando a cada dia, praticamente impedindo o presidente de governar com a constante pressão que exerce sobre ele, seus assessores e sua família. O pecado mais recente, no caso de Kushner, é que ele deixou de relatar determinado encontro num hotel com o embaixador russo, Sergei Kislyak. A se confiar nas manchetes dos jornais, incomoda que a cada dia apareçam novos "esquecimentos" e detalhes não revelados nessa história, mas lendo com calma e atenção a gente entende que cada encontro desses foi, simplesmente, um ato de rotina no dia a dia de Washington, onde encontros de americanos com oficiais de países estrangeiros é a norma, não a exceção. No caso do tal encontro no Mayflower, Kushner relata que foi apenas "apresentado" ao embaixador, que buscava um meio de comunicação com a então campanha de Trump.

O suspense em torno das declarações de Kushner, no entanto, foi desfeito às cinco da manhã desta segunda--feira, quando o assessor do presidente divulgou o teor completo de seu depoimento para evitar vazamentos.

Além de assessor e homem de confiança do presidente, Kushner significa para nós muito mais do que um "conluio com a Rússia": é uma peça-chave na discussão das negociações de paz em Israel. Na semana passada, li um artigo na *National Review* explicando que "nunca foi tão 'barato' para os Estados Unidos intervir nesse processo diplomático", haja vista a guinada no posicionamento de boa parte dos países árabes com relação a Israel. Liderados pela Arábia Saudita, tais países não só deixaram de advogar a destruição do Estado judeu, como passaram a apoiá-lo e encorajá-lo com base na existência de um inimigo comum, o Irã. Infelizmente, as boas notícias naquele canto do mundo foram abafadas logo em seguida com os recentes conflitos na esplanada da mesquita de Al-Aqsa, onde seis pessoas morreram na sexta-feira, três israelenses e três palestinos. A crise se agravou em resposta à instalação de detectores de metal no acesso à esplanada, após três árabes armados terem atirado e matado um oficial druso que guardava a entrada da mesquita.

Tanta coisa grave ocorrendo no mundo e a mídia americana não se descola desse pretenso conluio com a Rússia. Pior para o mundo.

DEUS É MULHER, MORA NA INGLATERRA E SE CHAMA JUSTINE

A Inglaterra sai na frente, mas a culpa é dos Estados Unidos, que inventou essa história toda em primeiro lugar.

Não é a primeira vez que isso acontece. Instigada, há vários anos, pelas fantasias de Al Gore, a Inglaterra, capitaneada pelo naturalista Príncipe Charles, tentou ocupar a vanguarda da defesa contra as mudanças climáticas, e o resultado foi desastroso, incluindo o fracasso da política nacional de incentivar os carros movidos a diesel — que se revelaram muito mais poluentes do que aqueles que buscavam substituir com o objetivo de "salvar o planeta".

Mas o que está acontecendo hoje, no meu entender, é muito mais grave. Afinal de contas, é bem mais fácil substituir uma frota de carros do que reparar um dano na humanidade, como esse que o parlamento inglês está se preparando para causar. De acordo com o *Sunday Times* deste domingo ensolarado, o governo inglês — pasmem, com o apoio tanto dos conservadores de Theresa May como dos trabalhistas de Jeremy Corbin — vai permitir que "adultos mudem de gênero legalmente sem um diagnóstico médico, num movimento impactante".

A responsável pelo "avanço" é, como não poderia deixar de ser e tem se verificado repetidas vezes, uma mulher: Justine Greening,[3] ministra inglesa de "Mulheres e Igualdade", para quem sua ousadia, que ela descreve como um ato para "conceder mais direitos aos transgêneros", constitui o "terceiro grande 'passo à frente' depois da igualdade para mulheres e legalização do casamento para cônjuges do mesmo sexo".

No entanto, "críticos alertam para o fato de que permitir às pessoas efetivamente se 'autoidentificarem' como membros do sexo oposto, mas mantendo a anatomia de seu gênero de nascimento, irá desencadear uma tempestade de casos legais enfocando o acesso a alas de hospitais, prisões, banheiros, vestiários e esportes competitivos restritos a mulheres".

Em resumo, a principal preocupação é que homens, sem nem precisar passar por uma cirurgia de "correção de sexo", poderão invadir as searas particulares das mulheres. O único compromisso que deverão "assinar" é sua disposição de manterem o novo sexo até a morte, mas isso todo mundo sabe que pode mudar a qualquer momento, uma vez que a "grande mudança" já foi legalizada. Por outro lado, a perspectiva de mulheres barbadas e de voz grossa, muitas vezes amamentando seus bebês como vimos esta semana, é igualmente aterrorizante.

Quem diria que chegaríamos tão longe! A heroica (e lunática) Greening entende que a intenção dos ministros é "desmedicalizar e tornar comum" a mudança de gênero para facilitar às pessoas as providências legais. O que ela não considerou em momento algum é que essa lei insana é

---

3 Nota da edição: felizmente, Greening foi demitida no início de 2018 antes de aprovar sua lei "revolucionária", e não representa mais ameaça.

baseada, simplesmente, numa negação da ciência e da realidade biológica, abrindo as portas da sociedade para todo tipo de cérebros perturbados e doentes.

A Escócia, mais avançada, pretende ir ainda mais longe, recomendando que pessoas "não-binárias" possam ser definidas como "Gênero X" nos passaportes e também se autodefinir da mesma forma em suas certidões de nascimento. A mesma lei proporá ainda baixar a idade mínima para mudanças de gênero de 18 para 16 anos.

Trata-se, no mínimo, de uma flagrante negação da noção científica de evolução, como escutei um cientista comentar no outro dia: o que a natureza levou milênios para desenvolver, indo de seres unicelulares à diversidade sexual para enriquecimento da espécie, e que até hoje era considerado uma das maiores conquistas da biologia e um de seus mais sofisticados mecanismos, está a um passo de ser varrido do mapa por uma canetada de uma parlamentar perturbada, e com o apoio das massas manipuladas e mal informadas.

É o fim. Estamos perdidos. E nem sequer contamos mais com um "Deus" — eu, pelo menos, não conto — para nos purificar pelo fogo nesta Sodoma e Gomorra elevada à enésima potência, tudo em nome do "avanço social da humanidade". O único "Deus" encarregado da nossa "renovação" enquanto espécie é uma mulher, mora na Inglaterra, e se chama Justine Greening.

MÍDIA PROGRESSISTA: BIZARRICE SEM LIMITE

Já vou logo avisando que estou um pouco amarga hoje. Apesar do meu recente "sucesso" em ter concluído a construção de uma casa nos Estados Unidos, uma tarefa que, para mim, se afigurou quase impossível no início, estou ainda às voltas com a minha premente necessidade de adentrar o "sonho americano", mas sem nenhuma pretensão a riquezas incontáveis, apenas buscando um meio de sobreviver.

Aqui nos Estados Unidos, as pessoas não estão acostumadas a trabalhar e produzir com uma eterna ameaça de crise a pairar sobre suas cabeças, pronta a derrubá-las de uma hora para outra, como no Brasil, mas isso não torna a vida tão fácil quanto seria de se esperar. Para viver neste país é preciso aprender a navegar num mar de ilusões e interesses disfarçados que, para um estrangeiro, torna fácil confundir o cinema — e, hoje em dia, os vídeos, as séries, os blogs e as redes sociais — com a vida real, que, como em todos os demais lugares do mundo, ocorre bem mais embaixo. E isso requer bastante habilidade, um conjunto de ferramentas para lidar com a realidade que ainda não consegui reunir em quase três anos vivendo no "exílio".

Dentro deste salão de múltiplos espelhos, destacam-se os interesses escusos que movem o império da mídia. Esta semana, por exemplo, foi divulgado um estudo da Bloomberg mostrando a discrepância entre o que verdadeiramente interessa aos americanos e os assuntos a que a mídia se dedica. Segundo a pesquisa, o foco de preocupação se divide da seguinte maneira: 35% para a saúde, 13% para trabalho e desemprego, 10% para a imigração, 10% para as alterações do clima e 6% para as relações entre Estados Unidos e Rússia. Mas a mídia dedicou 76% de seu tempo no ar nos dois últimos meses, justamente... às relações, ops, acusações de conluio entre Trump e a Rússia. O resto se dividiu entre 10% para o clima (essa coincidiu), 6% para o terrorismo e os planos de saúde e magros 3% para a economia, incluindo empregos etc.

Conclusão: há um mundo de distância entre o que se lê e se ouve e o que se passa no mundo real. Hoje, por exemplo, um artigo de destaque no *Washington Post* endeusa a ex-estagiária Monica Lewinsky por ter publicado um ensaio na *Vanity Fair* sobre a "mudança do homem moderno", com foco no recente desabafo público do príncipe Harry sobre a dor de perder sua mãe, na confissão de alcoolismo de Brad Pitt e no arrependimento de Jay-Z relativo ao fato de ter traído sua mulher, Beyoncé. Para Lewinsky, pivô do processo de *impeachment* de Bill Clinton em 1995 e eterna vítima feminina, a "vulnerabilidade dos homens" estaria transformando o mundo para melhor, "enquanto batalhamos com os papéis de gênero e relacionamentos entre os dois sexos e vemos questões de sexismo tomando de assalto o mundo da tecnologia e da política". Deixando de lado a falta de ética de Bill Clinton e suas traições conjugais, Monica, na verdade, fez de sua condição de "vítima feminina" uma carreira.

Em outro artigo de "alto interesse do público", desta vez no *New York Times*, lemos sobre o livro de memórias que está sendo lançado por Amanda Lepore, "diva transgênero da vida noturna" e campeã de "modificações corporais" através de cirurgias plásticas — isto é, automutilação. O artigo, que não faço ideia de por que teria sido publicado pelo *New York Times* — cujo interesse editorial por esse tema "empolgante" que interessa a tanta gente, tanto aqui como no resto do mundo, é francamente inexplicável —, é uma coleção de bizarrices, da qual o símbolo mais convincente é a própria Amanda, *née* Armand, descrita pelo jornal como uma "escultura viva". Na minha opinião, a diva deveria estar trancafiada num hospício, não exaltada como modelo e figura "icônica", faturando um bocado com isso.

Finalmente, artigo no *Guardian* desenterra uma ordem executiva assinada há seis meses por Donald Trump, descrito pelo jornal como "um poderoso homem branco" — estamos em terra de índio ou o quê? —, que constituiria "uma sentença de morte para mulheres no mundo todo". A ordem a que o artigo se refere é a disposição dos EUA de deixarem de financiar ONGs e outras organizações de saúde que não se comprometam a *não fazer* abortos. Tenho certeza de que há mais na lei do que descreve o jornal progressista, visto que a preocupação desta administração é coibir os abusos da prática de abortos que, na verdade, têm sido usados como estratégia de "controle de natalidade", chegando ao absurdo de abortar fetos já no oitavo mês de gestação. O jornal chama a isso o "direito das mulheres de decidir sobre seu próprio corpo", mas não está se referindo a sociedades ocidentais, onde as mulheres, em tese, são bastante bem *informadas* a respeito do próprio corpo, retendo o poder, inclusive, de evitar a gravidez — um método muito mais humano de controlar a natalidade, mas que raramente é ensinado ou incentivado.

Colocando todas essas situações bizarras num mesmo cesto de absurdos, o que as mulheres estão realmente precisando aprender é a dizer, simplesmente, "não", quando forçadas, ou mesmo simplesmente encorajadas (em outras palavras, forçadas pela propaganda da mídia), a exercerem sua liberdade sexual sem nenhuma responsabilidade futura nem nenhum conhecimento do evidente resultado biológico de suas ações. Nesse contexto, a dura tarefa de coibir os excessos sexuais masculinos cabe a nós, não aos homens. E, embora eu tenha simpatia por qualquer pessoa que se revele consciente de seus atos e emoções, de nada adianta posarem de "metrossexuais" e virem a público "lamentar" seu "excesso de masculinidade".

Sobriedade e respeito à biologia humana fariam muito mais por nossa humanidade do que dar livre curso, e até mesmo exaltar as nossas mais recônditas perversões, o que, trocando em miúdos, é o que vem sendo feito.

A situação parece mais grave a cada dia. Isso não pode acabar bem.

Quantos minutos para uma traição?

O escândalo do dia aqui nos Estados Unidos foi a "dramática" revelação de que Donald Trump teve um encontro "clandestino" com Vladimir Putin do qual ninguém tinha ciência, até que o intrépido *Washington Post* desenterrou a preciosa informação.

Segundo o artigo mais lido e mais comentado da semana, "depois de seu muito divulgado encontro de duas horas e quinze minutos no início deste mês com o presidente russo Vladimir Putin no encontro do G20, na Alemanha, Trump conversou informalmente com Putin por quase uma hora mais tarde no mesmo dia". Ó, horror!

Foi assim: não se sabe por que artimanhas do destino, os organizadores do jantar de encerramento no G20 colocaram a primeira-dama Melania Trump sentada ao lado de Vladimir Putin — vale ressaltar que Trump foi alojado ao lado da belíssima e elegantíssima primeira-dama da Argentina, que deu um show de bom gosto no G20 —, e, segundo a versão de Trump, durante o jantar ele se uniu à esposa e manteve uma breve conversa com Putin assessorado apenas pelo intérprete russo. O que, em tese, impediria os Estados Unidos de registrarem uma transcrição do encontro e, pior, deixaria Trump sem defesa contra uma possível — e, de acordo com o jornal, provável — distorção de qualquer coisa que pudesse dizer. Em tempo, o intérprete americano não falava russo, apenas japonês.

Os analistas e especialistas imediatamente classificaram a traquinagem de Trump à mesa do jantar, uma conversa sem temas acertados previamente, como "difícil" e "perigosa". Ninguém se aventura numa tal arriscada empreitada sem tomar as devidas precauções, pois isso teria o explosivo potencial de acabar com o mundo.

Por que a imprensa foi mantida longe dessa conversa? Seria tal afastamento motivo de imediatas suspeitas?

Não é bem assim. A praxe em jantares desse tipo é que a imprensa tenha acesso nos primeiros minutos, tire suas fotos e junte material suficiente para reportar o evento. Em seguida, os líderes são deixados à vontade para comer e conversar em paz.

Só que... em tempos de histeria coletiva aqui nos Estados Unidos, como lembrou Tucker Carlson em seu programa de ontem, todo e qualquer encontro de qualquer tipo e duração com russos ou pessoas de ascendência russa foram transformados pela ação da propaganda anti--Trump em perigosos atos de traição. Quer dizer, minhas breves interações, por exemplo, com a empresa de russos que instalou a bancada da cozinha aqui em casa poderia, potencialmente, me conduzir a um processo judicial e uma investigação do FBI. Pode isso? Pior ainda, conversamos com os rapazes a respeito de Putin, da situação econômica na Rússia e da construção de uma ponte para a Crimeia. Melhor ficar quieta no meu canto.

Trump não perdeu tempo, e tuitou que a imprensa é "doente" (aspas originais do presidente) e estava mais uma vez envolvida em *fake news*, transformando um jantar normal entre chefes de Estado num evento maligno.

Enquanto isso, no Brasil, *O Globo* não perdeu nem tempo nem a oportunidade de replicar o lado anti-Trump da história. O grande crime de traição de Trump não teria sido "entregar" nenhum segredo ao nosso arqui-inimigo russo, mas sim "não ter avisado à imprensa". Entenderam?

Obviamente, não existem fotos da tal "reunião secreta". Secreta? Como Trump lembrou muito bem, a conversa foi levada a cabo, às claras, numa mesa onde se sentavam 20 líderes e suas esposas.

CONTRA A ESQUERDA, MAIS ESQUERDA

O ataque da mídia americana contra Donald Trump não dá uma trégua. A questão agora é a dificuldade de se aprovar o novo Plano de Saúde que deveria substituir o Obamacare, e, por algum motivo, a máquina não anda. Com a faca e o queijo na mão, isto é, uma administração republicana e maioria republicana nas duas casas, este Congresso que está aí foi descrito esta semana como o "menos produtivo em 164 anos".

Será que é isso mesmo? Em meio a um tiroteio intenso de opiniões, não tem como saber com certeza. As tentativas de golpe podem não estar sendo bem-sucedidas em derrubar o governo, mas com certeza vêm tendo o maior sucesso em criar confusão.

A última "estratégia" proposta pela Casa Branca é limitar o voto a rejeitar o Obamacare. A reposição ficaria para depois. O líder republicano no Senado acaba de declarar que a tal reposição levaria dois anos. E nesse meio tempo, o que aconteceria?

Um fato curioso é que até os congressistas republicanos estão caindo vítimas da propaganda, se recusando a eliminar algumas das mais populares características do

Obamacare. Prestem atenção: "populares" não quer dizer "eficientes".

No final, como sempre, a loucura de Trump provará ser correta: o melhor seria deixar o Obamacare estabacar--se por si só, o que está muito próximo de ocorrer, segundo análises.

Já os democratas estão, ao que parece, "reagindo bem" ao terremoto que atingiu o partido nas últimas eleições. Como as múltiplas tentativas de ataque à Casa Branca e pedidos de impeachment não parecem estar funcionando, mesmo com todo o apoio que recebem da imprensa, o *New York Times* informa que, de olho na Casa Branca, governadores democratas estão se deslocando mais para a esquerda, quase encostando na plataforma de Bernie Sanders.

Como assim? A agenda esquerdista não acaba de ser *rejeitada* pelo eleitorado? Não dá para entender.

Enquanto isso, a campanha pró destruição da humanidade continua de vento em popa. Ontem à noite, no programa de Tucker Carlson, Nell Gibbon Daly, uma "renomada" psicóloga, explicou a validade da nova lei em estudos no Canadá — e que os Estados Unidos estão ansiosos por adotar —, segundo a qual as crianças não mais terão um "gênero" declarado na certidão de nascimento. Isto é, tal "decisão" será postergada até que o desejo da própria criança por um ou outro sexo — ops, gênero — seja manifestado. Com tantas indefinições às quais já somos confrontados, agora teremos ainda mais essa difícil "escolha".

Os números citados pela psicóloga me pareceram absurdos: variaram de uma em 100 a uma em 1000 crianças que nascem com alguma "disfunção" (todos demonstraram estar muito incomodados com o termo) genética relativa ao sexo. Como é que é? Uma em 100?

Algo parece estar dando muito errado no projeto humano de Deus, se tantas criaturas estão nascendo... bem, sejamos sinceros, com esse "defeito".

O mais provável, e este é um *insight* que tive ontem à noite assistindo a essa ultrajante entrevista, é que toda essa confusão em torno do gênero e do sexo vem sendo criada pelos psicólogos, que, desacreditados, e com suas técnicas de análise substituídas pela amplamente ministrada medicação, estão ativamente buscando novos clientes. Já imaginaram o nível de angústia existencial que atormentará essas pobres crianças que crescerão sem saber o próprio gênero?

Meu Deus! Que situação criminosa! As pessoas de bem (e com alguma consciência e conhecimento de ciência) precisam se unir para fazer alguma coisa. Que loucura.

Em tempo: o(a) delinquente pai(mãe) da criança que está recebendo todo esse apoio do "avançado" governo de Justin Trudeau é, como não poderia deixar de ser, ele(a) mesmo(a) transgênero.

A triste história da pobre filha de Angelina Jolie

Não consegui sequer uma fonte internacional para confirmar a história, mas li não me lembro onde neste fim de semana que a fofa Shiloh, filha de Angelina Jolie e Brad Pitt, que completou 11 anos recentemente, está "iniciando tratamento hormonal para deter a puberdade".

"Fontes" asseguram ainda que o "transgenerismo" de Shiloh/ John foi um dos motivos cruciais para a separação do casal, embora o próprio Pitt informe que a verdadeira causa foi seu recorrente alcoolismo. Pitt, segundo consta, não estava conseguindo aceitar o "fato" de que sua filha Shiloh era, na verdade, seu "filho" John *in the making*.

Não admira que Pitt, enquanto estava casado com Angelina, tivesse voltado a beber. Sua linda esposa, afinal de contas, ao longo do casamento decidiu amputar "preventivamente" o útero, o ovário e os dois seios para "evitar câncer", o que a torna, tecnicamente, um pouco menos mulher, para ser gentil. Não sendo gentil em absoluto, prova que a bela é, simplesmente, meio demente, e agora sua demência se volta para a pobre filha de 11 anos, que, ao que parece, na ausência de um pai decente não vai conseguir viver a vida como a vida quer ser vivida — isto é, como uma menina, ainda que rejeitando a aparência de uma "menina fofa", algo que como toda mulher sabe, não é tão incomum assim.

Isso me parece, simplesmente, um crime. Angelina Jolie deveria ser trancafiada pelo resto da vida pelo crime de "prática e incentivo à mutilação sexual", uma nova definição legal que defendo, desde já, que seja adicionada ao Código Penal Universal.

Salvem a Shiloh! Salvem, por favor, todas as Shilohs da nossa insana sociedade "evoluída"!

O LENTO SUICÍDIO DA HUMANIDADE
DESFIGURADA PELA DIVERSIDADE

Artigo publicado hoje no *Wall Street Journal* sob o título "Elites da Europa parecem determinadas a cometer suicídio através da 'diversidade'" destrinça o processo de "multiculturalização" adotado há várias décadas pela Europa — segundo o autor, contra o desejo e os instintos da população local, num processo eminentemente vertical — e encontra suas raízes na culpa germânica pelos inesquecíveis acontecimentos da Segunda Guerra Mundial.

Vamos combinar: trata-se, inequivocamente, de um segundo ataque da Alemanha, talvez involuntário desta vez, à Europa e aos valores ocidentais. O primeiro, por loucura, deformação moral, histeria coletiva, sei lá. O segundo, talvez, motivado pela vontade de acertar e compensar, demonstrar "bondade", mas, ainda assim, desastroso e desmedido, não só para o país, mas para o continente e as ilhas que o circundam, com ecos espalhados pelo mundo.

Pior a emenda que o soneto, embora nem um nem outro denotem um mínimo de poesia, muito menos justiça poética. Aquilo que deveria demonstrar uma mente aberta, caridosa, pronta a acolher, está inevitavelmente desembocando num nível elevado de violência, quiçá uma guerra incivil.

O artigo do *WSJ* foi com certeza escrito poucas horas antes do mais recente ataque terrorista em Londres, perpetrado em frente a uma mesquita no norte da cidade nas primeiras horas desta segunda-feira, após as orações do Ramadã.

"Terrorismo" foi uma qualificação adotada com "reservas", devido ao fato aparente de ter sido motivado não pelo ódio islâmico — a que, infelizmente, já estamos nos acostumando, tratado muitas vezes pelas autoridades, sobretudo as londrinas, como parte do *status quo* —, mas, ao contrário, pelo ódio aos muçulmanos.

Ainda assim, terrorismo. Como qualificar de outra forma o impulso que leva uma pessoa, qualquer pessoa, a embarcar num carro alugado e atropelar intencionalmente uma multidão? Mesmo que seja movido por um "compreensível" desejo de revanche frente ao imobilismo das autoridades (e aqui estamos, claramente, especulando), ainda assim terrorismo, e como tal inadmissível em nossa sociedade.

Do outro lado do "lago", lemos a lamentável notícia de uma garota muçulmana assaltada e assassinada na saída de uma mesquita na Virgínia, para nem mencionar o ataque a tiros a um time de congressistas republicanos americanos num treino de beisebol na última quarta-feira.

A selvageria contida nesses assassinatos ideologicamente orientados está se refinando e ultrapassando qualquer limite racional. Na semana passada, por exemplo, três grupos radicais — ISIS, Hamas e Frente Popular para a Libertação da Palestina — disputaram a reivindicação da autoria de um ataque a facadas em Jerusalém que deixou morta uma policial, numa explícita demonstração de orgulho criminoso. Imaginem se tal panteon da vergonha resolver se expandir para passar a incluir o "nosso" lado.

Trata-se da pior reação possível, e de uma doce vitória para as hordas jihadistas. Afinal de contas, o "olho por olho" e "dente por dente" — em outras palavras, "justiça pelas próprias mãos" — é o básico mandato demente por trás da Lei de Sharia, anterior e em flagrante contraste à nossa sociedade regulada por leis e caracterizada pela liberdade. Não podemos nos dar ao desfrute de incorporar tais ditos medievais à nossa avançada mentalidade tecnológica, ou estaremos cedendo a um destino maldito que pretende nos transformar em insensíveis robôs, antes ainda que máquinas dignas deste nome se tornem realidade.

Deixemos tal destino reservado para as futuras máquinas maravilhosas de servir humanos, cérebros de silício sem coração que a humanidade não pretende nem deseja redimir. Nós, humanos civilizados, merecemos coisa melhor. Tudo o mais deverá ser configurado e compreendido como o suicídio, não só da Europa, mas da civilização.

CAMILLE PAGLIA: UMA LÚCIDA EXPLANAÇÃO DE DENTRO DOS QUADROS DA "REVOLUÇÃO"

Se eu tivesse tempo e paciência, dedicaria as próximas horas do meu dia a traduzir para o público brasileiro a espetacular entrevista de Camille Paglia ao *Weekly Standard, mas* fico mais desencorajada ainda de trilhar essa empreitada por conta da mínima expectativa de leitores. Em resumo, não vale a pena o esforço, mas não pude me furtar a transcrever aqui alguns dos trechos mais marcantes dessa filósofa que se autodefine como "democrata", "ateia" e "transgênero" e que discorre sobre a presidência de Trump, os excessos do Partido Democrata, os descalabros do movimento transgênero e a falta de respaldo científico para a "religião do clima".

Sobre Trump:

> Talvez para desânimo de seus renitentes críticos, Trump na verdade fez a transição [da campanha à presidência] no Capitólio na manhã da posse, quando apareceu sério e focado, palpavelmente ciente do incrível peso do mais alto cargo do país. (...) Semana

passada, essa distância conceitual [entre Trump e a "resistência"] apareceu ressaltada, quando a mídia, consumida por suas absurdas fantasias com a Rússia, exibiu uma fixação no choroso depoimento do ex-diretor do FBI James Comey frente ao Comitê de Inteligência do Senado (Comey é um charlatão desgastado que deveria ter sido demitido 48 horas depois da posse, não importa se por Hillary Clinton ou Donald Trump). Enquanto isso, Trump estava cuidando de tocar o negócio.

Segue-se a essa afirmação uma transcrição de trechos do discurso de Trump (que pouca gente ouviu) sobre aço e infraestrutura.

Sobre o terrorismo "islamista":

A relutância e inabilidade dos liberais ocidentais para encarar o jihadismo de frente tem sido até agora catastroficamente contraproducente, tendo inspirado um ressurgimento de políticas de extrema-direita na Europa e nos Estados Unidos. Os cidadãos têm direito a exigir de seus governos uma segurança básica. As contorções a que recorrem muitos liberais para evitar conectar os ataques a bomba, massacres, perseguições e vandalismo cultural ao jihadismo islâmico são impressionantes, dada sua habitual animosidade contra a religião, notadamente o Cristianismo.

A filósofa sugere que se volte a ensinar religião comparada nas universidades, dando a entender que as pessoas não sabem do que estão falando.

Sobre o movimento transgênero:

A dura verdade é que mudança de sexo é impossível. Cada pequena célula do corpo humano permanece codificada com o gênero do nascimento pelo resto da vida. Ambiguidades intersexuais podem ocorrer, mas são anomalias do desenvolvimento que representam uma percentagem mínima de todos os nascimentos humanos.

Citando outra feminista notória, a australiana Sheila Jeffreys, Paglia informa:

A indústria farmacêutica, tendo perdido parte de seus proventos quando a reposição rotineira de estrogênio para mulheres na menopausa foi abandonada por conta de seus riscos para a saúde, tem promovido a ideia relativamente nova do transgenerismo para criar uma classe de consumidores permanentes, que precisam consumir hormônios pelo resto da vida. (...) Mais ainda, condeno a crescente prescrição de bloqueadores de puberdade (cujos efeitos em longo prazo são desconhecidos) para crianças. Encaro essa prática como uma violação criminosa dos direitos humanos.

Sobre a "mudança do clima":

"É certamente irônico que liberais que posam de defensores da ciência quando se trata de aquecimento global (um mito sentimental sem base em nenhuma evidência) fujam de qualquer referência à biologia quando se trata de gênero".

Paglia conclui a entrevista dizendo que "ninguém

merece direitos especiais, proteções e privilégios com base em sua excentricidade. As categorias 'homem-trans' e 'mulher-trans' são altamente acuradas e merecem respeito. Mas rejeito a coerção patrocinada pelo Estado no sentido de que devemos chamar alguém de 'mulher' ou de 'homem' simplesmente com base no sentimento subjetivo dessas pessoas a este respeito. Podemos muito bem tomar o caminho da boa vontade e ceder à cortesia nessas ocasiões, mas apenas por escolha própria".

Super recomendo.

SHAKESPEARE NO PARQUE

Todo mundo sabe que não apoiei Emmanuel Macron nas últimas eleições francesas. Mas, agora que ele foi eleito, e mais, corroborado neste domingo, no qual obteve vasta maioria nas eleições parlamentares, jogando Marine Le Pen para uma apagada lanterninha, o negócio é tocar para frente.

Estão certos os franceses. Não importa a opinião da "galera"; um novo presidente foi democraticamente eleito, e é obrigação do país inteiro deixá-lo governar pelo menos por um tempo, e dizer a que veio. A isto se chama "respeito pela opinião da maioria". E assim funciona uma democracia.

Não é o que se tem visto no mundo. Aqui nos Estados Unidos, por exemplo, há uma disposição feroz de impedir o presidente Trump de governar que querem fazer durar pelos quatro anos (no mínimo) de seu mandato. A cada dia há uma nova desculpa para protesto, boa parte de tais ações sendo constituída de expedientes escusos e, mais simplesmente, de mentiras. Como, por exemplo, o artigo "fabricado" pelo *New York Times* em fevereiro de 2017 que deu origem a essa barafunda de "colaboração" com os russos. O próprio Comey — que levantou essa lebre em depoimento ao Senado, sob juramento — juntou-se aos provocadores, "vazando" ele mesmo para a imprensa, através do "golpe do amigo", um dossiê de anotações de suas conversas com Trump que resultou na criação de um comitê especial de investigação para manter vivas as suspeitas, ainda que inexistentes. E lá se foi o presidente Trump obrigado a contratar advogados para se defender de... acusações sem nenhuma evidência.

O bem do país? Quem liga para o bem do país?

Enquanto isso, no Brasil, tece-se uma rede de suspeitas em torno do presidente Temer, que não foi escolhido, praticamente, por ninguém, mas sim posto na chapa para garantir o necessário conchavo à ex-presidente Dilma. Também no nosso país há interesses infatigáveis que não pretendem abrir mão de seus objetivos, mas, no Brasil, tudo tem que ser maior e mais grave. E é. Perdeu-se a confiança em tudo e todos no Brasil, simples assim.

A bem da verdade, todo brasileiro que se preze sempre desconfiou de tudo e de todos, mas mesmo assim tínhamos uma capacidade de tocar a vida que agora se perdeu: não parece haver nenhuma vida para além dos sucessivos escândalos políticos, pelo menos se olhando de fora, como é o meu caso.

Vou ter que me colocar na esdrúxula e impopular posição de concordar com várias passagens da entrevista concedida ao jornal *Folha de S. Paulo* pelo Ministro Gilmar Mendes, aquele que neste fim de semana acendeu ao pódio de "mais odiado da hora". Em primeiro lugar, sim, é difícil nadar "contra a corrente". Tampouco consigo refutar sua afirmação de que "queriam que o tribunal decidisse essa questão política, lançando o país em um quadro de incógnita".

Voltando aos Estados Unidos, o dia e a semana começam com certo alívio, com Ivanka Trump entrevistada no programa matinal "Fox & Friends". Desde os tempos conturbados da campanha, Ivanka se apresentou como um elemento de calma e tranquilidade em meio à turbulência, e assim continua. Embora a maioria da população falhe em perceber isso, o governo de Trump está trabalhando para atingir seus objetivos, que, segundo Ivanka, são de promover uma "revolução para o desenvolvimento", algo "ousado, substancial". E não pretende parar para satisfazer a quem não tem mais o que fazer a não ser ficar inventando motivos para se odiar o presidente.

Pouco a pouco, o povo parece estar readquirindo o senso. Há duas semanas, a comediante sem-noção Kathy Griffin foi demitida da CNN por conta de sua foto publicitária carregando a cabeça decepada do presidente. Agora foi a vez da Delta Air Lines e do Bank of America retirarem o patrocínio de uma peça do festival "Shakespeare no Parque", que encenou um Júlio César transformado em presidente Trump, com ênfase gráfica na cena do assassinato.

Quem seria o "Brutus" nesse caso? Pelo menos no que diz respeito ao caráter, sim, Trump vem sendo sistematicamente assassinado, e "Brutus" seriam os brutos progressistas, que, ao que parece, não amam nada nem ninguém a não ser o próprio umbigo.

Hora de apreciar e copiar o iluminismo da França, para além da eterna guilhotina e contra a tirania da opinião... dos outros, é claro.

Allons enfants! Liberté! Fraternité!

Uma sociedade movida a velas e ursinhos de pelúcia

Enquanto me preparava para escrever, já um bocado atrasada por conta de uma ida urgente à obra cedo de manhã, ocorreu em Paris, na praça em frente à Notre-Dame, um daqueles "incidentes" que num primeiro momento a gente sabe como começam, mas nunca como terminam. Desta vez, terminou com a polícia atirando num sujeito armado de um martelo, pronto a executar sabe-se lá quantos turistas inocentes. O policial atirou reagindo a uma martelada em sua cabeça, enquanto o sujeito gritava, armado ainda com dois facões de cozinha: "Isso é pela Síria!" Os dois homens foram conduzidos ao hospital e seu estado é ignorado.

Essa disposição de eliminar turistas nos locais mais badalados do mundo é meio novidade, mas não a vontade desses "guerreiros santos" — não me culpem: é esta a tradução de "jihadista" — de nos atingir naquilo que temos de mais precioso: a alegria de viver. Tem coisa melhor do que tirar férias e passar uns dias em Londres e Paris? Tem coisa pior do que, passeando nesses locais, ser atropelado, esfaqueado ou — agora mais essa — ter a cabeça martelada até morrer? Ou até ver seu companheiro morrer? A situação se agravou mais ainda quando os "balizadores morais" desses delinquentes passaram a incentivar o uso de armas não sofisticadas. Qualquer coisa que se tenha à mão serve para fazer o serviço, do carro alugado às ferramentas caseiras. Até quando?

Um artigo chocante publicado hoje no *Wall Street Journal*, no entanto, mostra o lado avesso dessa existência absurda: dominadas por sua ânsia de serem politicamente corretas, e iludidas pelo risco de serem consideradas "racistas", as pessoas reagem contra qualquer medida mais radical por parte de seus governos e se consolam acendendo velas e colocando ursinhos de pelúcia nos locais atingidos.

Bom para as lojas de ursinhos de pelúcia. Bom também para os terroristas, que, de acordo com o artigo, se sentem cada vez mais seguros para agir numa sociedade enfraquecida, para não dizer ridícula. Nem Jesus, com seu ensinamento caridoso de "oferecer a outra face", aceitaria que nos comportássemos de maneira tão patética frente a seriíssimos riscos de vida.

Dá mais raiva ainda quando ficamos sabendo, nos dias que se seguem aos atentados, que um ou vários dos terroristas haviam estado "sob o radar da polícia" por bastante tempo, e mesmo assim foram deixados em paz. Paz?

O caso de um dos três atacantes de Londres é de estarrecer. Não só a segurança deixou passar várias denúncias de familiares e vizinhos — o sujeito foi acusado de tentar aliciar crianças da vizinhança para o terror — como a pessoa em questão até figurou num documentário do Channel Four no ano passado, "Nossos vizinhos jihadistas".

Onde estará o (nosso) limite?

O dos terroristas sabemos onde está: no céu. Quer

dizer, naquele céu para onde eles acreditam que irão após cometerem seus atos "heroicos", que sempre terminam na morte, deles e de muitas vítimas inocentes.

Não há como punir criminosos cujos atos sempre terminam com a morte. A pena de morte, nesses casos, digamos, é "pré-aplicada", mais ou menos como um celular pré-pago. O que está em questão é o que deve ser feito para salvar a vida de quem não está disposto a morrer, vítima involuntária de tanta violência e fanatismo.

Veremos até onde nos leva nossa insanidade social. Enquanto isso, o prefeitinho Sadiq Khan está exigindo o "banimento" do visto de viagem de Donald Trump, exigindo o cancelamento da visita a Londres do presidente americano. Faria melhor em banir a entrada de seus conterrâneos criminosos.

Basta.

DESASTRE "VERDE", VERSÃO ALEMÃ:
A VERDADEIRA VERDADE INCONVENIENTE

Sei que meus parcos leitores detestam quando critico os editais, encontros e documentos que estabelecem medidas para "mitigar" — sonhando em "eliminar" — as alterações do clima provocadas por humanos. No mundo ativista de hoje, pega muito mal ser vista como "climacética", mesmo levando-se em conta que, embora tais mudanças existam, e sejam até a norma quando se fala do clima terrestre, há mais especulação do que fatos comprovados quando se tenta imputar a responsabilidade à atividade humana.

O "debate" — aspas por conta da ironia, já que esse tal "debate" é debelado ao máximo por opiniões progressistas impositivas — fica mais interessante quando nos desviamos de seu foco ideal, as mudanças do clima e o efeito sobre elas, não da atividade humana que supostamente as causa, mas da atividade humana para mitigá-las, uma análise factual que vai da irrelevância ao fracasso total.

Altos interesses e trilhões de dólares estão envolvidos nessa falácia criada há 12 anos por Al Gore, ex-candidato à presidência dos Estados Unidos, e que tanto incômodo tem nos causado. Resultados práticos? Quase nenhum. Esta é que é a verdadeira "verdade inconveniente". Em alguns casos, como no incentivo ao uso de carros movidos a diesel na Inglaterra, tais ações são até prejudiciais à saúde, aumentando a poluição em vez de diminui-la.

Não estou falando, é claro, da irreversível tendência da nossa sociedade a adotar as mais avançadas tecnologias disponíveis, principalmente aquelas que aprimoram nossa qualidade de vida, mas sim das políticas governamentais que têm causado mais problemas do que benefícios. E o assunto voltou às manchetes — de onde nunca saiu de verdade — neste fim de semana, com a "recusa", melhor, o adiamento da ratificação do Tratado de Paris pelos Estados Unidos durante o encontro do G7, agraciado por Angela Merkel com o já famoso comentário de que "a Europa já não pode contar com os Estados Unidos".

O objetivo, a real necessidade de Merkel parece ser colocar panos quentes em seu próprio fracasso como governante, à medida que se aproximam as eleições de setembro. Já escaldada pela crítica — bem fundamentada, aliás — de Donald Trump à sua desastrosa política de imigração, que resultou num aumento da insegurança em seu país, a chanceler precisa justificar outro desastre significativo, que, segundo o jornal *Der Spiegel*, elevou a energia disponível na Alemanha hoje em dia à categoria de "artigo de luxo".

Explico, quer dizer, o *Wall Street Journal* explica: "A adoção dos dogmas da energia verde causou enorme dano à economia alemã. Ela [Merkel] reagiu ao acidente de Fukushima optando por eliminar a energia nuclear, e seu governo nos empurrou goela abaixo centenas de bilhões de dólares em energia solar e eólica que aumentaram o custo da eletricidade".

A economia está no centro dos problemas gerados pela adoção forçada desses "dogmas" que, em geral, não resultam em benefício algum. Lemos no outro dia algo em torno de meio grau Celsius no prazo de 100 anos! Ao mesmo tempo, novas tecnologias não imaginadas à época do "visionário" documentário de Al Gore vêm tomando o lugar de outras que não estão dando muito certo, como a energia eólica, que tem seus efeitos muito limitados a localidades onde o vento é suficientemente frequente. O *WSJ* prossegue: "A revolução americana do *fracking* [fraturamento hidráulico] traz o mesmo benefício de reduzir as emissões dos combustíveis fósseis, reduzindo a dependência do carvão. Na medida em que a produção de energia nos Estados Unidos puder superar o fornecimento russo de gás natural à Europa, mantendo os preços do petróleo sob controle, ela também atrapalha a influência de Vladimir Putin em seu país e no estrangeiro".

Essa tecnologia de "fraturamento" era, até pouco tempo, considerada criminosa e destrutiva, mas tal percepção parece ter sido radicalmente alterada. Outro aspecto interessante é a enorme distância entre "o que se diz e o que se faz" quando se trata dos líderes mundiais — como é o caso, por exemplo, do queridinho dos ativistas Justin Trudeau, que, enquanto advoga todos os slogans politicamente corretos para a galera, nos bastidores aprova um acordo com os Estados Unidos para a construção de um imenso oleoduto para exportação de petróleo produzido no Canadá.

Desse mal universal — a hipocrisia — Trump certamente não sofre, e é este um dos motivos de causar tanto incômodo.

Voltando de viagem, o presidente se viu em meio a um intenso tiroteio ideológico sobre o Tratado do Clima:

de um lado, os que o elegeram fazem pressão para que os Estados Unidos se retirem do acordo, o que pode até "pegar mal", mas favorece a economia americana; de outro, os progressistas ruidosos de sempre, plenamente convencidos de seus pontos política e ecologicamente corretos, ainda que equivocados e iludidos.

Não se deixem enganar: a briga de peixe grande em torno do clima não é pelo bem da Terra, mas pelo bem do poder e do lucro. A parte boa é que, para além do que possam decidir os marcantes e inócuos acordos globais, a "mão invisível do mercado" avança sempre, embora com altos e baixos e alguma experimentação, em direção ao que poderá nos proporcionar o maior benefício e a maior conveniência — um mecanismo que funcionaria bem melhor se não houvesse tanta política para emperrá-lo.

Claro que, como ocorre em assuntos semelhantes e tão controversos quanto, é difícil atingir a objetividade, e há muito o que ler em ambos os lados do "espectro político". Resta-nos confiar no bom senso, na intuição, e no nosso cada vez mais fragilizado poder de observação.

Por um mundo "gênero neutro"

O título é bombástico, mas a notícia não poderia ser mais boba: Emma Watson recebeu o primeiro prêmio MTV de "gênero neutro" da história por sua atuação em "A Bela e a Fera".

E o que seria "gênero neutro"?

Trata-se de um prêmio de melhor at..., hum, "atuante" em cinema que não distingue entre "ator" e "atriz", e, mais significante ainda, concedido a Watson pela nova versão do clássico conto de fadas romântico de Gabrielle-Suzanne Barbot (1740), convenientemente atualizado para inserir um componente surpreendente: a "fera" é gay.

Trata-se, segundo o *Huffington Post*, do "primeiro momento exclusivamente gay num filme de Disney".

Pô. Peraí.

O *Independent* vai ainda mais longe: "Passamos por uma lavagem cerebral levada a cabo por uma sociedade homofóbica para vermos a presença de personagens LGBT como incongruente e chocante, mas deveríamos reconhecer que a ausência de tais personagens é que constitui o real absurdo".

Hã?

Nada tenho contra o homossexualismo, mas, na minha opinião, o que estamos testemunhando é exatamente o contrário: estamos sendo vítimas de uma lavagem cerebral para vermos o componente LGBT em tudo como um fator da mais absoluta normalidade, quando se trata, na verdade, da mais absoluta exceção.

Não me preocupa muito, quer dizer, não me preocupava muito esse intenso *lobby* da categoria enquanto se limitava a preferências sexuais, que vejo como de foro estritamente privado — embora não seja esta a determinação da modernidade, onde tudo deve ser exposto ao máximo, inclusive a nossa obsessão por sexo. Sim, obsessão. Mas quando passou a incluir a necessidade de cirurgias arriscadas e tratamentos dolorosos e prejudiciais para obter a *mudança* de sexo, incluindo as crianças, o "movimento" passou a ser não somente perigoso, mas também criminoso.

Enquanto viajava para Charleston no último domingo, escutei no rádio uma entrevista muito interessante, na qual uma pastora homossexual exigia ser nomeada "bispa" numa igreja metodista. Trocando em miúdos: como uma pessoa religiosa, tendo concluído depois de anos de crise que "Deus queria que ela se aceitasse como ele a tinha feito", a bispa pretendia alterar o conteúdo da Bíblia. O problema é que, preferências à parte, todo mundo sabe que o sexo, para a religião, constitui apenas uma prática destinada à reprodução. Tudo o mais é abominação! (Estou falando do ponto de vista bíblico, é claro.)

Quer dizer, o movimento LGBT, que começou congregando pessoas que desprezavam todas as convenções, agora quer se impor em todos os segmentos tradicionais da sociedade, como líderes religiosos e com "direito" ao casamento. O próximo passo, que já está em fase bem adiantada, é acabar com essa restrição idiota de que só as mulheres podem procriar, para nem mencionar a tola exigência da natureza de que um homem deva participar.

Não se enganem: o que há por trás do prêmio pioneiro de Emma Watson — que nem é na verdade o primeiro, tendo sido tentado pela MTV em 2006 e 2007 e em seguida abandonado... acho que naquela época a sociedade ainda não estava "pronta" para esse passo ousado — é que, no ano que vem, um(a) transgênero(a) poderá ser nomeado(a) melhor protagonista sem necessidade de abdicar do gênero de sua preferência, podendo, inclusive, alterá-lo a seu bel prazer. A palavra "protagonista", felizmente, é "unissex".

Um detalhe: Emma Watson se diz um "ícone feminista". No entanto, ninguém perde mais do que as mulheres (mulheres "cisgênero", é claro) com esse movimento contra a definição de gêneros, embora muitas mulheres estejam preferindo atualmente... se transformar em homens.

UMA ONDA DE SUICÍDIOS MAIS GRAVE QUE A PROVOCADA PELO "JOVEM WERTHER"

Não sei se vocês conhecem essa história: Wolfgang von Goethe, o icônico escritor romântico alemão, publicou em 1774 seu romance epistolar *Os sofrimentos do jovem Werther*, que se tornou um símbolo da época; porém, seu sucesso desencadeou a primeira "epidemia de suicídios" registrada na história, o tipo de onda conhecida como "reflexo por imitação". Guardadas as proporções, mais ou menos semelhante aos suicídios reportados recentemente como resultado do "Jogo da Baleia Azul". Pois é. Cada época tem os ícones que merece.

Muito já se falou sobre o Jogo da Baleia Azul, cujo alegado criador foi preso esta semana na Rússia. Mas hoje quero falar de uma outra epidemia de suicídios, esta largamente desconhecida do público leitor e praticamente ausente do ambiente contagioso das redes sociais: a que afeta a "comunidade dos transgêneros" aqui nos Estados Unidos.

Falar desse assunto virou mais ou menos tabu, do mesmo jeito que ontem à tarde uma "ativista educadora" declarou na Inglaterra que "aplaudir e dar vivas em eventos na universidade deveria ser proibido, por se tratar de *pre-conceito contra surdos*" (grifamos).

Sim, os jovens transgêneros tendem a se agregar em comunidades, para apoiar-se mutuamente em suas adversidades. O que é ignorado pelo grande público é a quantidade de dinheiro que está sendo despejado para "favorecer" essas comunidades, com todas as cirurgias e tratamentos "necessários" para "curar" o mal que aflige essas pessoas, hoje quase elevadas à categoria de "mártires biológicos" pela mídia e pelo ativismo progressista, sendo custeados pelo Estado. Até o neoativista transgênero Bruce/ Caitlyn Jenner houve por bem se aproveitar desse nicho, sendo hoje considerado(a) um símbolo do movimento. Finalmente, com esse gesto altruísta, foi re-alçado na maturidade à categoria de celebridade, que já havia ocupado na juventude como campeão olímpico de corridas. Quando era homem, é claro.

Em resumo: rola muito, mas muito dinheiro na categoria. E o resultado é que não só crianças e jovens estão sendo cooptados pela "onda de transformações", como também tem aumentado o número de suicídios entre essas pessoas, 10 vezes mais comuns do que entre o resto da população. Na maioria das vezes, motivados pelo arrependimento da "transição".

Já falamos demais nesse assunto, mas o problema é que a mídia progressista não nos dá uma folga, e com tal dedicado apoio estratégico, tem crescido exponencialmente o número de vítimas, que agora engloba até mesmo crianças de três anos de idade. Três anos! Que loucura!

O mais recente episódio dessa tragédia contemporânea é o sincero depoimento literário de um jovem de 18 anos, contemplado esta semana com o primeiro lugar num concurso de artigos para a badalada coluna "*Modern Love*", do também icônico *New York Times*.

A coluna, para quem não conhece, só publica depoimentos pessoais escritos em primeira pessoa, cuja veracidade deve ser comprovada, sempre narrando histórias de amor contemporâneas que tenham a qualidade de influir nos rumos da sociedade. Lida por milhões de pessoas todo fim de semana, é um dos elementos mais populares da "campanha de endeusamento do movimento transgênero".

O texto a que estou me referindo conta a história de Malcolm Conner, e narra com talento e pungência o seu primeiro amor por uma colega imigrante da Índia. Só que Malcolm — autodescrito como um rapaz "de quase 1,80 de altura, com a barba cerrada" — é uma moça. Melhor dizendo, uma "ex-moça".

"Ninguém na escola sabia que eu era transgênero. Eu tinha feito a transição aos 15 anos e cheguei ao colégio sem nenhuma intenção de discutir minha infância incomum com os colegas", escreveu ele, ou ela. Até aí, tudo bem.

Mas na primeira linha do texto, meio sem querer querendo, Malcom revela a realidade por trás dessa onda "transamigável", se posso descrevê-la assim: "Ponham a culpa de tudo no Percocet". Percocet, para os que não são familiarizados com o tema, é um analgésico opioide fortíssimo, principal responsável pela atual crise de viciados em opioides aqui nos Estados Unidos, um problema de saúde pública que está atingindo o nível de epidemia. Em seguida, "ele" descreve como estava saindo de uma cirurgia de histerectomia, e que a dor era muito forte, porque, devido aos cinco anos de tratamento com testosterona — em tempo, o tratamento hormonal permite a uma mulher se tornar semelhante a um homem com muito mais facilidade do que a situação oposta, ao contrário do que eu pensava inicialmente — "o canal (não suporto chamá-lo de vagina, e muito menos referir-me a ele como 'meu') tinha se atrofiado a ponto de quase desaparecer. Isso dificultou a cirurgia; fiquei rasgado".

Quer dizer, não só o pobre coitado(a) estava praticamente delirante devido à droga que estava tomando no pós-operatório da absolutamente desnecessária histerectomia, levada a cabo unicamente para fins completamente injustificáveis, como estava sofrendo horrores por causa disso, e por "sofrendo" não quero dizer "sofrendo psicologicamente".

O resto do artigo é um completo circo de horrores (sim, repeti a palavra, e pretendo repeti-la tantas vezes quantas forem necessárias), no qual o jovem tenta justificar suas dificuldades com a namorada afirmando que nunca se casaria com ela, porque ela jamais se casaria com um rapaz que não fosse indiano. Então tá.

É isso. São milhares de jovens confusos, desequilibrados pelo excesso de propaganda e militância progressista, e com o amplo suporte de verbas federais, se submetendo a tratamentos terríveis e insanos atos de automutilação em decorrência dos quais, com bastante frequência, preferem se matar a continuar vivendo.

Deixo à consciência de cada um decidir se vamos assistir a isso calados, pior, expressando nosso apoio e anuência, e até aplaudindo. Exceto, é claro, no caso de um transgênero surdo.

A COISA

Bill O'Reilly ainda não está morto, mas certamente se revirará em sua tumba escavada na Fox News semana passada quando assistir ao primeiro programa de seu substituto, Tucker Carlson, inaugurando uma "nova era" no canal a cabo conservador: o novo titular das 20h00 terá como convidad(o)(a) principal o/a "porta-voz involuntário(a)" do movimento transgênero Bruce/ Caitlyn Jenner, que, apesar de se intitular "conservador(a)", nunca pôs os pés na Fox News.

Sentiram-se incomodados por todos esses parênteses e múltiplas escolhas? Agora imaginem o incômodo causado pelos ruidosos movimentos a favor dessas flutuações de gênero, dando livre curso às flutuações de uma mente que não se "encaixa" no corpo que tem, e não só isso, que vem forçando a sociedade e o governo a apoiar tratamentos médicos dolorosos e perigosos para dar livre curso à sua psicose, com as bênçãos da APA — Associação Americana de Psiquiatria — e de seu sagrado DSM-5, manual oficial que cria e descria "doenças" e "condições" a seu bel prazer.

Vejam bem, não se trata aqui de infelizes portadores de uma verdadeira condição médica com a qual nasceram, casos que, embora raros, ocorrem na raça humana, mas de condições confessadamente psicológicas, impressões, que podem ou não mudar com o tempo e a disposição do fre-guês.

O caso de Jenner é emblemático, e por isso "a coisa" — como a apelidou o bem-humorado Sabo, artista de ins-talações de rua e impiedoso crítico da sociedade que esta semana inundou Los Angeles com uma falsa publicidade da presença da criatura no horário nobre, com base no ro-mance de terror homônimo de Stephen King, publicado em 1986 e posteriormente transformado em minissérie (1990) — estará no programa de Carlson hoje à noite. Sabo acertou na mosca: nascido "Bruce", e com uma marcante carreira esportiva como corredor — Jenner recebeu a me-dalha de ouro pelo decatlo nas olimpíadas de 1976 — ca-sado e pai de seis filhos, a figura decidiu no ano passado, aos 66 anos de idade, que se transformaria numa mulher. Começou com maquiagem e dosagens de hormônios, até optar pela mudança de pronome e identidade. Dizem — Jenner é figura fácil nas revistas de celebridades — que, em janeiro, se submeteu à cirurgia de "reatribuição de sexo".

Nos Estados Unidos, tais casos são tratados com a deferência, acuidade e publicidade a que nos obriga como sociedade o impositivo movimento de "direitos civis" dos transgêneros. Pesquisando no Google, torna-se a cada dia mais difícil encontrar referências ao Jenner "ele", tendo a Jenner "ela" invadido todos os espaços. Mas quando a gente vê a pessoa ao vivo, só pode concluir, caso desejemos ser to-talmente honestos e ingênuos como crianças, que se trata de um "*it*" — nem ele, nem ela, e como em português não existe o gênero neutro, optei por traduzir esse "*it*" por "coisa".

Esta semana, e por isso provavelmente sua presença no programa de Carlson, Jenner está lançando sua autobiografia *The Secrets of My Life: A History*, na qual, entre outras coisas, informa aos interessados leitores que sua terceira esposa Kris sempre soube de tudo, que enquanto se casava com ela e aparecia como homem em público a "coisa" vestia lingerie feminina por baixo do terno. Vamos combinar, eu que sou "cisgênero", com muito "orgulho" por sinal, não uso "lingerie feminina" por baixo da roupa (nem masculina, por favor, não me entendam mal). Kris Jenner negou veementemente tais alegações, dizendo que os fatos narrados no livro são "pura invenção".

Tucker Carlson, que em breves três meses no ar já atingiu o pico de audiência, tem por tradição convidar a seu programa pessoas das quais discorda fortemente, e embora lhes dê a chance de defenderem seus pontos de vista, o que faz geralmente é "demoli-las" sem dó nem piedade para deleite de seus espectadores. Veremos se fará o mesmo com Jenner, mas eu duvido. Afinal de contas, em seu primeiro programa como substituto definitivo do "grande mito da TV a cabo", não haverá de querer irritar os patrocinadores, já muito ressabiados com assunto tão sensível nos Estados Unidos como a "identidade" sexual. Aceitar os transgêneros como especiais é nossa obrigação como cidadãos.

Enquanto isso, prossegue a campanha de desvalorização do homem branco heterossexual, desta vez dirigindo seus ataques a outro âncora da Fox News, Sean Hannity. Não gosto de Hannity como gostava de O'Reilly, o que, aliás, ocorre também com boa parte dos espectadores — sua audiência às 10 da noite é mais ou menos a metade da que tinha O'Reilly —, mas defendê-lo-ei até a morte, ou pelo menos até que me provem que "gritar com uma colega de trabalho" ou "convidá-la para um quarto de hotel e, em seguida à recusa, deixar de chamá-la para colaborar com seu programa" constituem crime de assédio, e não simples alegações sem provas. Posso estar me iludindo — não sei por que outra razão defenderia em meus artigos esses desprezíveis machões em declínio, uma atitude tão fora de moda quanto condenável na nossa sociedade obcecada por sexo e mudanças de gênero —, mas é no que acredito.

Pois os primeiros passos para a completa "remasterização" dos parâmetros básicos de uma sociedade que se mostra cada vez mais confusa, conturbada e sem rumo certo, partiram, não da constatação científica de que estávamos equivocados quanto à certeza mais concreta e próxima de nós que existe, ou existia — o nosso próprio corpo, que habitamos desde o nascimento —, mas sim da livre determinação de um grupo de psiquiatras, semelhante àquele que na semana passada, mais uma vez, insistiu em declarar que Donald Trump, o presidente dos Estados Unidos, eleito por mais de 50% da população americana, é "certificadamente insano" — não importa o que já tenha feito, antes de completar os icônicos 100 dias, para reorganizar o caos deixado por seu antecessor não apenas no país, mas no resto do mundo.

Com o "líder do mundo livre" considerado clinicamente louco e pessoas que duvidam de seu próprio corpo — e fazem de tudo para destrui-lo — sendo consideradas modelos da sociedade que devem ser enaltecidos, não admira que estejamos tão perdidos. Não deverá demorar muito para que todos nos vejamos como "coisas", um verdadeiro *reality show* de horrores *a la* Stephen King, do qual, como muito mais do que simples espectadores, estamos sendo obrigados a participar, e mais, a festejá-lo publicamente, ainda que à revelia.

O que mais me assusta neste estado de coisas é que para alterá-lo, antes que nos destrua como humanidade, bastaria que nos atrevêssemos a dizer uma simples palavra: "Não".

A MÁQUINA AMERICANA DE ESMAGAR PESSOAS

Sei que para o Brasil isso parece não ter nenhuma importância, mas ainda não consegui me recuperar da destruição de Bill O'Reilly ocorrida ontem, em pouco mais de
cinco minutos.

Francamente, talvez por ser estrangeira eu esteja
mais chocada do que o próprio O'Reilly, que aos 67 anos,
com mais de 12 livros publicados, uma brilhante carreira
de 16 anos na mídia a cabo, durante os quais praticamente
carregou a Fox News nas costas, e um belo patrimônio para
deixar para os netos, seja financeiro ou profissional, pode
até estar pronto para experimentar as alegrias da aposen-
tadoria, ou se dedicar a escrever, ou viajar, ou sei lá o quê.
Praticamente não há limites para o que um rico senhor fora
do mercado de trabalho pode fazer para curtir a vida nos
Estados Unidos.

O instrumento utilizado para derrubar de uma só
penada o grande ícone da mídia conservadora foi a polícia sexual, habilmente manejada pelas ferozes feministas,
a mando — ou por sutil sugestão, o que é muito pior — da

"liderança progressista". Vejam bem as acusações contra O'Reilly, algo que todos já sabem, mas não custa repetir: uma das vítimas reclamou que ele "gritou com ela no estúdio"; outra que ele lhe disse que "sua bolsa *de couro preta era feia*"; e outra, finalmente, foi bem mais longe, acusando o âncora de se masturbar enquanto falava com ela ao telefone. Como provar qualquer dessas acusações? Houve uma gravação no Facetime ou no Facebook ao vivo de O'Reilly se masturbando? Não. Quando o "crime" foi cometido, tais aplicativos sequer existiam. Nesta mesma linha, O'Reilly foi também acusado de "sabotar" a ascensão profissional das mulheres que recusaram sua paquera.

Então tá. Mulher: a eterna vítima, sempre pronta a revidar, mas fraca demais para se resguardar. Tudo bem, O'Reilly pode até ter sido um "chefe" estúpido e insuportável para seus subordinados, ou subordinadas. Todo mundo sabe que um ambiente de trabalho desse tipo é mais comum do que desejaríamos, mais ainda na mídia, qualificada por alguém ontem à noite como um "mercado brutal".

Em qualquer tribunal decente do mundo, as provas contra Bill O'Reilly teriam sido consideradas menos que "circunstanciais" e o réu seria inocentado por falta de provas. Mas não na nossa sociedade politicamente correta, onde o sexo é manipulado de todas as maneiras possíveis para destruir e humilhar. No entanto, com tantas ameaças com as quais precisamos nos preocupar, e males que precisamos evitar, pouca gente consegue ter energia para enxergar isso.

Há pouco em comum entre o caso de José Mayer e o aparentemente semelhante ocorrido com Bill O'Reilly. Mayer foi acusado de assediar uma camareira e reconheceu seu crime sob pressão, se desculpando publicamente e recebendo em troca uma advertência e uma suspensão.

Que falta fará José Mayer no elenco da Globo e como isso mudará o mundo? A pergunta é retórica, não precisam responder. O'Reilly, por seu lado, que estava no Vaticano recebendo uma bênção do Papa quando a bomba de sua demissão explodiu nos Estados Unidos, não só não se desculpou — graças a Deus — como disse que todas as acusações contra ele são infundadas. Recebeu em troca uma demissão da qual, provavelmente, já estava ciente quando viajou.

Que falta fará Bill O'Reilly na Fox News e como isso mudará o mundo? A pergunta não é retórica, e vou responder.

A saída de Bill O'Reilly deixa órfãos milhões de americanos de tendência conservadora, que confiavam nele e em suas análises sensatas do que acontece no nosso entorno conturbado. Um dos slogans repetidos à exaustão durante o programa era "Estou de olho por vocês" [*I'm definitely looking out for you*]. O outro era "mentira aqui não entra" [*No spin zone*]. Eu acredito. Eu acreditei. Durante a minha "conversão ao conservadorismo", Bill O'Reilly me conquistou com sua inteligência, sua disposição de não se curvar a pressões, de se indispor contra os ataques e críticas quando necessário — como, por exemplo, quando o *New York Times* manipulava as listas de mais vendidos de forma a excluir seus livros —, com os momentos de relaxamento durante o programa diário que incluía, entre suas ideias mais criativas, o hilário e simpático Jesse Watters e seu "Watters World", expondo a ignorância dos americanos no que se refere à história de seu próprio país. Nunca com o intuito de humilhar, mas sempre de educar, de incentivar o conhecimento (O'Reilly não renegava seu passado de professor do ensino médio, muito pelo contrário, sempre o enfatizava no ar). Não à toa, seu livro mais recente, *Velha*

Escola [*Old School*], lançado há pouco mais de um mês e já no topo de todas as listas, pende para o lado cômico e critica as distorções ridículas de uma sociedade dividida entre os "antiquados" [*old school*] e os "derretidos" [*snowflakes*], os derretidos sendo uma descrição bastante apurada da terrivelmente fascista Geração Y.

Distorções ridículas, sim, senhor. E aí chego ao cerne deste editorial, que não pretende em absoluto absolver Mr. O. — como o âncora é carinhosamente tratado por seus inúmeros fãs — de seus eventuais pecadilhos contra moças bonitas, e certamente oportunistas. Isso já foi resolvido ao longo dos últimos 15 anos, durante os quais O'Reilly optou por fazer acordos judiciais no valor de 13 milhões de dólares para "evitar aborrecimentos e poupar seus filhos". Enquanto qualificamos como ridículas as acusações de assédio e abuso, o *New York Times* não perdeu tempo em levantar ações judiciais resolvidas no passado para, lançando mão de nossas mais recentes obsessões, cuidadosamente inoculadas em nossa sociedade para nos enfraquecer e manipular, derrubar de vez o centro de gravidade e o líder do pensamento conservador nos Estados Unidos atualmente.

Estão percebendo? O alvo dessa "limpeza moral" atualmente em curso não é este ou aquele profissional em evidência na mídia, mas toda a mídia conservadora, em especial a Fox News, e, em última instância, o presidente dos Estados Unidos que eles não suportam, não por ter um cabelo esquisito, ou por ter ele mesmo "abusado" de algumas garotas, mas porque lhes *usurpou* o poder. E nesta "guerra de egos malucos" todos somos guerreiros, porque, como já descobrimos, o objetivo último é nos manter controlados por uma coleira invisível — isto é, restringir nossa liberdade de expressão em nome da liberdade de opinião.

Alguém já se perguntou, por exemplo, por que nunca, em tempo algum, um "luminar" do lado de lá foi pego "assediando" e em seguida atacado moralmente? Até o boquete de Bill Clinton no Salão Oval da Casa Branca foi abrandado, e, mais recentemente, os "sex-tos" mal-intencionados do democrata Anthony Weiner, que, muito mais do que simples alegações, ficaram gravados no celular do abusador e por cinco minutos perturbaram a campanha eleitoral de Hillary Clinton.

A lista é longa, mas duvido que qualquer pessoa nos Estados Unidos seja capaz de enumerar tais casos. Já com os conservadores, está em curso uma humilhação pública e extensa, impossível de apagar, com a campanha deflagrada e insistentemente repetida pelos maiores jornais do país, replicada milhares de vezes nas redes sociais. Nem vou complicar a situação explicando que na própria Fox News está em curso um conflito de gerações, no qual o pai conservador Rupert Murdoch precisa se defrontar com os filhos Lachlan e James, influenciados por suas esposas progressistas.

Não basta humilhar. Tem que eliminar. E decepar a cabeça dessa "serpente", na pessoa de Bill O'Reilly, devo admitir, foi um golpe de mestre. A tal maioria silenciosa que colocou Trump na Casa Branca ficou sem ter o que pensar, pior, como pensar, porque seu cérebro caiu junto com a tal cabeça pensante. Estão todos tontos, perdidos, sem saber para onde se virar.

Vocês podem até pensar que estou exagerando, fazendo ficção para obter alguns cliques a mais, mas isso somente porque não estão aqui, e não são afetados pela realidade americana da mesma forma como tenho sido. Enquanto isso, sem que ninguém perceba, o Partido Democrata americano está passando por um *extreme makeover* baseado nos seguintes elementos, claramente comandados pelo atual líder do partido, o perigoso Tom Perez: não se referem mais a si mesmos como "democratas", um termo que ficou desacreditado nas últimas eleições, mas como "progressistas"; e inauguraram uma vertente que, aparentemente, investe contra o politicamente correto que tanto os penalizou nas últimas eleições e que, em última instância, colocou no poder o "arquivilão" Donald Trump — a oficialização dos palavrões e da linguagem vulgar.

Estão duvidando? Basta ver as camisetas que o partido está fazendo circular, que dizem simplesmente o seguinte: "Os democratas não estão cagando e andando para as pessoas", traduzindo livremente. Tudo bem, aparentemente uma das minhas afirmações contradiz a outra, mas somente porque uma por enquanto passou à frente da outra. Depois de terem "patenteado" a noção de "amor", os democratas estão a caminho de patentear de vez o termo "progressistas", mas para efeito mais rápido, e para capitalizar com mais urgência sua vacina anticagadas, a camiseta saiu com o termo "democratas" mesmo. Podem escrever o que estou falando.

Há um ditado antigo segundo o qual o melhor que se pode fazer para iniciar uma grande mudança é mudar a si mesmo, e, francamente, depois de ter assumido a missão de alertá-los para o que está ocorrendo, só posso esperar que me escutem e se recusem a engrossar tais deletérias fileiras que tanto mal nos têm feito. É difícil saber por onde começar, mas hoje no rádio escutei uma ideia interessante: sempre que você testemunhar alguma coisa de que não gosta e se sentir tentado a compartilhar, ou, no exemplo utilizado, se deparar com algum post compartilhando uma desgraça pessoal — como uma doença grave, ou a morte de um ente querido — com o objetivo de obter simpatia, saiba que, subliminarmente, você está sendo cooptado, fragilizado, sendo iniciado num processo de radicalização. Não curta, não comente, e não compartilhe com ninguém. Deixe que a mensagem morra em seu nascedouro.

Igualmente, se vocês acharem que esta editora está ficando demente, deixem que a minha mensagem morra em seu nascedouro. Não estarei aqui para ver o efeito daquilo que tanto, e tão ardentemente, trabalhei para evitar. E não pensem que esse estado de coisas não tem reflexos no Brasil.

Mais uma coisa: depois que O'Reilly foi defenestrado, a Fox rapidamente rearranjou sua grade no horário nobre, tapando o buraco com pessoas que, pelo menos até o momento, não chegam aos pés do talento e da experiência do âncora substituído, para que pareça aos desavisados que o demitido nunca existiu, nivelando por baixo o pensamento conservador. Trump que se proteja.

A POLÍCIA SEXUAL E SUA FEROZ CAÇA AOS BRUXOS

Tudo bem, eu entendo que "assédio sexual" é um ato de agressão à mulher (pode ser ao homem também, como se viu no famoso "Instinto Selvagem", de 1992, com Sharon Stone e Michael Douglas, embora hoje em dia não sejam comuns casos como o do filme), mas não tenho certeza de que sou a favor da verdadeira "caça aos bruxos" que está em curso hoje em dia na nossa sociedade, mais especificamente aqui nos Estados Unidos.

A mais recente "vítima" — dependendo do ponto de vista, é claro — é o âncora mais famoso da TV a cabo americana, Bill O'Reilly, que mantém um programa no horário nobre na Fox News e é campeão de audiência há mais de 20 anos. Já mencionamos aqui o "fraco" de Bill O'Reilly por mulheres que tentam trabalhar com ele, sendo que cinco delas se manifestaram legalmente e em cada caso houve um acordo mais ou menos polpudo que a Fox News se "esqueceu" de divulgar.

O caso em que houve o acordo mais caro — nove milhões de dólares — já tem 13 anos, mas foi revivido no mês passado, quando o *New York Times* publicou um artigo a respeito condenando O'Reilly pela segunda vez, desta vez com a devida "eficácia": houve pressão dos anunciantes, que saíram em debandada, e O'Reilly, que tem 67 anos e acabava de renovar contrato com a Fox News, saiu de "férias" — segundo ele já planejadas desde outubro do ano passado. Está sendo substituído no ar por vários outros comentaristas menos importantes que estão se revezando no cargo.

O mundo mudou bastante desde 2004, e na nossa era politicamente correta qualquer denúncia de assédio adquiriu máxima prioridade. O problema é que, ao mesmo tempo, ocorreu um considerável relaxamento na *descrição* do que constitui assédio, e em boa parte dos casos nos quais os "agressores" são sumariamente condenados o fato não passa, na verdade, de uma tentativa de contato sexual mais ou menos consensual, regada a muito álcool e a restos agonizantes de uma mentalidade machista.

Sei que vou ser muito criticada por afirmar isso, mas neste caso e neste local (EUA), é verdade mesmo. Uma recomendação oficial da administração Obama no ano passado diminuiu os direitos de defesa de estudantes do sexo masculino, hoje em dia condenados em julgamentos internos nas faculdades que não obedecem à jurisprudência civil. Num desses casos, o acusado não resistiu às consequências de sua condenação (no caso, nem se tratava de assédio a uma mulher, mas a outro estudante homossexual) e se matou.

Os resultados, como tudo na vida, são imprevisíveis. Li no outro dia que os homens europeus estão sofrendo de "falta de masculinidade". Como isso pode ser bom para a sociedade? Será que as mulheres — cisgênero, heterossexuais — apreciariam de fato um mundo sem homens de "verdade"?

Voltando a Bill O'Reilly, a sanha feminista está conseguindo muito mais do que pediu, e prejudicando a muito mais gente no processo. Como agora estão conseguindo sucesso em afetar as empresas que "abrigam os abusivos" onde elas realmente sofrem, isto é, nos lucros e recursos financeiros — como se viu no caso do boicote à linha de produtos de Ivanka Trump, "pega mal" dar força a personalidades que, por qualquer motivo, se tornam impopulares junto os progressistas e neofascistas da Geração Y — as vítimas estão se tornando elas mesmas abusivas, extrapolando seu novo "poder" de influenciar. O'Reilly, que agora corre o risco de ser aposentado compulsoriamente, é uma voz respeitada no universo das TVs a cabo e um analista competente, para nem mencionar os habituais convidados a seu programa que, junto com ele, estão tirando férias compulsoriamente sem que nenhuma acusação pese contra eles. Sinceramente, sinto a falta dele, e, portanto, junto com os milhões de espectadores de seu programa, estou sendo penalizada pela "polícia sexual feminista". Que crime terei cometido sem perceber?

O que elas querem não é defender a "classe", ou proteger a assim chamada "fragilidade feminina", mas sim atacar o conservadorismo e as bases da nossa sociedade, custe o que custar. Não por coincidência, o número de casos dos assediadores conservadores denunciados pelo "movimento" é muito maior do que os "progressistas" em igual situação. Ou talvez o progressista típico se encaixe melhor no novo modelo de homens "pouco masculinos", vai saber.

A obsessão com sexo na sociedade americana não é nada nova. Ontem mesmo eu estava assistindo a uma cinebiografia de Charles Chaplin, que, não sei se vocês sabem, foi banido dos Estados Unidos em 1952 depois de 40 anos vivendo no país como um pioneiro do cinema, por uma arbitrariedade do macarthismo. Chaplin foi acusado de comunismo, mas já havia sido apontado como suspeito por conta de sua "tendência" a estabelecer relacionamentos com garotas menores de idade. Quando encontrou sua quarta esposa — com quem viveu até morrer, por cerca de 33 anos e com quem teve 8 filhos — Chaplin tinha 54 anos e Oona 18. Foi a mais velha de suas esposas.

Como não poderia deixar de ser, a audiência de Bill O'Reilly caiu dramaticamente sem sua presença — aqui em casa mesmo estamos optando por assistir a filmes nesse horário — e, de acordo com fontes de notícias, seu prestígio junto aos Murdoch, donos da Fox News, também está caindo: o âncora está sendo mais uma vítima das ferozes feministas, que não estão tornando este mundo melhor nem mais seguro, apenas mais reprimido e muito menos democrático.

LAMENTO FEMINISTA: EU VIVO UMA RELAÇÃO ABUSIVA

— Alan, pode ver aqui no meu pé se é uma farpa ou um pedaço de pele?

Tínhamos acabado de chegar da obra quando senti uma pontada por dentro do tênis. Ele olhou com sua lupa de joalheiro, disse que era uma farpa e puxou-a para fora. Eu não teria conseguido enxergar sozinha.

Vivemos uma relação abusiva, Alan e eu. Ele está constantemente nervoso, mais ainda com os problemas e tensões decorrentes da obra da casa que estamos construindo, enquanto compartilhamos há quase três anos um espaço de 30 m² com um só banheiro, sem nem um sofá para a gente sentar e sem a mínima privacidade. Estou constantemente ansiosa, com os problemas e inseguranças etc. etc. Faz algum tempo, no auge de uma discussão acalorada sobre algum detalhe da casa, atirei uma faca de manteiga e atingi a testa dele, fazendo um corte que custou mais de uma semana para cicatrizar. Ele me bate. Eu bato nele. Nunca deixamos marcas visíveis... no "coração".

Alan sempre foi meio ansioso. No Brasil, frequentemente ficava frustrado e reclamava do que eu fazia e dizia. Isso não mudou aqui nos Estados Unidos. Ele continua me chamando de burra, idiota e ignorante, justificando para todo mundo, de caixas do supermercado aos pedreiros da obra, passando pela contadora que fez ontem nossa declaração de imposto de renda — com base nas minhas abrangentes anotações —, que eu sou "do Brasil", para ele um sinônimo óbvio de... ser idiota e ignorante nos Estados Unidos.

Não aceito calada. No outro dia, comentei com a balconista da papelaria que "discriminar com base em sotaque e nacionalidade é crime". E é mesmo!

Quando eu estava para obter meu Green Card, e estávamos, Alan e eu, super nervosos com o resultado, eu disse a ele que caso não conseguisse a residência iria denunciá-lo com base na "cartilha de abuso conjugal" para solicitar asilo.

Ontem mesmo tivemos uma briga mortal por conta do modelo da privada que usaremos na nossa casa. Em certa altura, "botei o pau na mesa", mandei o Alan àquele lugar e enviei um e-mail para o empreiteiro aprovando um determinado modelo. Alan gritou, me chamou de idiota, de ignorante. Agora há pouco, quando viu a foto do modelo escolhido no meu mural do Facebook (me divirto fazendo graça na rede com esses nossos desentendimentos), ele disse o seguinte:

— Muito bonita esta privada. A beleza depende da hora e da tensão do momento... — e arrematou com uma risada.

Pesquisas afirmam que o segredo de casais bem-sucedidos é que brigam o tempo todo. Imaginem. Costumo brincar que até hoje, 13 anos depois, somos afetados pela "guerra de egos" preconizada por nossa "sinastria" quando nos conhecemos. Alan gosta de tudo bagunçado. Eu gosto de tudo organizado. Em tempo, não acredito em astrologia.

Quando o problema da obra não existia (também construímos juntos uma casa no Brasil, que demorou um ano para ficar pronta), brigávamos frequentemente por causa de política, política americana, é claro.

Eu torcia por Barack Obama e acreditava piamente nos argumentos dos progressistas. Odiava a Fox News e seus "especialistas", mal podia suportar a visão de Glenn Beck, âncora que deixou a emissora há uns três anos. Apelidei o radialista conservador Rush Limbaugh de "Rush Limbo" e o comentarista Sean Hannity de "Sean Odioso" [Sean Hainity] — não só o apelido era indevido, como em inglês o trocadilho não funcionava nem um pouco ("*haine*" significa "ódio", mas em francês). Sou muito teimosa. Nunca consegui confiar nas opiniões (e no entendimento) do Alan, nem convencer a mim mesma de que estava enganada.

Só vim a compreender isso há pouco tempo, depois de mais ou menos uns dois ou três meses escrevendo sobre política internacional (americana, na maior parte do tempo) no portal de notícias Crônicas da KBR. Hoje em dia, vocês me desculpem, não só reconheço que eu estava errada o tempo todo, e abusando da paciência do Alan, como tenho tentado fazer com vocês, meus leitores, o que ele tentou fazer comigo por quase 10 anos no Brasil: me mostrar que eu estava enganada e não entendia como o mundo funcionava. Espero que vocês não se irritem comigo.

Hoje, finalmente, Alan e eu conseguimos concordar plenamente, pelo menos na esfera da política. Ele pode, no mínimo, se vangloriar de ter conseguido me "ensinar" alguma coisa.

Este é meu terceiro casamento. Meu primeiro era um

relacionamento abusivo. Meu primeiro marido me tratava muito bem, dava beijinhos, mandava flores, mas perdeu a aliança na noite do nosso casamento e nunca a substituiu. Não me tocou nem para o bem nem para o mal por mais ou menos uns cinco anos (já esqueci quantos) dos sete durante os quais estivemos casados, e me traiu com várias mulheres durante o mesmo período, enquanto continuava me dando beijinhos e me mandando flores. Minha tolerância atingiu o limite quando a amante da hora começou a me ligar e me fazer ameaças por telefone. Na derradeira ligação, que foi a gota d'água, me disse que meu marido "estava na rua em Copacabana ameaçando se matar" e eu precisava ir até lá para resolver a situação. No dia seguinte me mudei para outro apartamento.

Meu segundo casamento foi um relacionamento abusivo. Conheci meu segundo marido na internet, e deixei para trás o Rio de Janeiro, meu trabalho e meu apartamento na Gávea para ir viver com ele em Brasília. Durante a lua de mel na Califórnia, ele ficou lembrando sua esposa falecida quase o tempo todo em nossas conversas e se recusou a tirar o jeans surrado, se barbear e me levar a restaurantes. Quando estávamos de volta a Brasília, disse que não gostava mais de mim porque eu tinha celulite. Eu tinha 44 anos de idade, ele 58. Ganhei dele um relógio, de presente de "noivado". Não uso relógio desde que era adolescente, e passei o relógio para a frente. Precisei insistir muito para que me comprasse uma aliança de casamento, depois que abandonei as que eu mesma tinha feito num buraco de uma montanha no Arizona, quando ele se recusou a usar a dele, ainda na lua de mel. Antes de deixá-lo definitivamente e me mudar para Pirenópolis, passei uns dois meses morando no porão de sua casa na Asa Norte. Nesse meio tempo, ele também me traiu com uma "colega de curso". Era um "gentleman". Nunca me bateu nem sequer me ameaçou, verbal ou fisicamente.

Por que resolvi contar hoje essas histórias? Por causa da "onda de solidariedade feminina" deflagrada pela expulsão do tal BBB que abusou de não sei quem na frente das câmeras. Porque o clima vigente em nossa sociedade atualmente, como lembrou ontem uma amiga comentando meu editorial sobre a "moda" do transgenderismo, é de crescente repúdio ao homem branco heterossexual: "Estão forçando uma seleção (que não é a natural darwiniana) para fazer sobrepujar tudo o que não é hétero branco. Um 'racismo' perigoso contra o hétero branco está crescendo no mundo e até os próprios brancos estão embarcando nisso".

Há uma flagrante falta de compreensão quanto ao que constitui ou deixa de constituir abuso em um relacionamento. Então, eu que não rezo vou rezar novamente: Senhor, dai-me inteligência para distinguir o que é abuso daquilo que é, simplesmente, a tensão habitual que permeia uma íntima convivência entre duas pessoas muito diferentes, força para exercer a tolerância em períodos de conflito ou desentendimento e sabedoria para reconhecer quando, acima de tudo isso, existe amor verdadeiro num casamento.

Não é a mídia ou o "consenso ideológico" que deve definir isso, mas a consciência de cada um.

Em tempo, nunca assisti ao BBB e não tenho grande interesse em ver exposta a privacidade alheia. Até esta manhã, quando li sobre o assunto n'*O Globo*, não tinha a menor ideia de quem seriam "Marcos e Emilly".

Moab: a nova Bomba de Hiroshima

O que têm em comum o Hamas, o Hezbolá, o ISIS e a Coreia do Norte?

Eu sei, a colocação parece esquisita, considerando que a Coreia do Norte é um país estabelecido e os demais grupos terroristas com diversos graus de organização internacional. Mas, ao final deste editorial, vocês vão conseguir entender do que estou falando.

À medida que o tempo vai passando, a manchete urgente vai se transformando em análise dos acontecimentos, e não à toa não havia outro assunto enquanto eu corria na esteira no final da tarde: a Moab, bomba não atômica detonada esta manhã na remota província de Nangarhar, próxima à fronteira entre Afeganistão e Paquistão, carrega 11 toneladas de TNT, mas não é uma arma invasiva. Disparada da parte traseira de um avião cargueiro e dotada de paraquedas, a bomba explode no ar e seu efeito, que atinge até o subterrâneo, decorre do ar deslocado na explosão. Tudo que existe sob a superfície no diâmetro atingido é destruído. Tendo como objetivo uma região montanhosa e praticamente desabitada, o verdadeiro alvo era a destruição da rede de túneis do ISIS, segundo a CIA, a verdadeira "sede" do poder terrorista. O ataque teria seguido a determinação de Donald Trump de atacar o ISIS com todas as forças possíveis — exceto talvez as "botas em terra", isto é, soldados no front — e também de mudar a orientação dos Estados Unidos no sentido de atingir uma "paz pela força", em claro contraste com a fracassada política da administração anterior de "liderar pela retaguarda". Todos os argumentos de que "Assad e a Rússia são nossos aliados na guerra contra o ISIS" caíram por terra. Eles na verdade pouco estão fazendo nesse sentido.

O ataque pode parecer repentino e até descoordenado, dando a impressão de que Trump, como disse um artigo que li esta manhã, "age onde haja a chance de ser aplaudido". Nada poderia estar mais longe da verdade. Houve extensa preparação para essa operação, incluindo uma baixa em terra, o "Boina Verde" Mark De Alencar que morreu sexta-feira passada "lutando contra o ISIS" em Nangarhar, isto, é, provavelmente já pesquisando para o ataque. O que há de verdadeiramente surpreendente é a capacidade de manter segredo militar numa Casa Branca descrita como "vazando por todos os lados".

Por se tratar de uma demonstração de força sem precedentes — a bomba existe desde 2003, mas nunca tinha sido usada —, e com praticamente nenhuma baixa de civis, a bomba foi considerada a arma ideal para o alvo e a região, e por isso a apelidei de "nova Bomba de Hiroshima", desta vez politicamente correta, isto é, sem provocar baixas civis nem deixar cicatrizes permanentes. Se houve baixa, terá sido exclusivamente de inimigos — com a exceção do herói De Alencar —, mas a bomba é igualmente mortal e sem equivalente em arsenais no resto do mundo.

Os que criticam as atividades de guerra de Trump, num desvio aparente de sua disposição de campanha de "não interferir" nos negócios de outras nações e se concentrar apenas no interesse econômico dos Estados Unidos, não estão alcançando o quadro completo. Em apenas uma semana, através de um par de lances ousados e antes de completar 100 dias de governo, Trump e seu gabinete de "primeira classe" reverteram completamente a expectativa do mundo com relação aos Estados Unidos, tidos nos últimos anos como uma "liderança em decadência". Isto é do interesse dos Estados Unidos? Acredito que sim. Sua ousadia incluiu ainda abandonar uma prévia ideia de um fácil relacionamento com a Rússia, e outra noção igualmente prévia de antagonismo com relação à China. Já imaginaram, em seu lugar, uma *aliança* entre Estados Unidos e China?

O que se tem visto é o delineamento de um novo "eixo do mal", embora ninguém esteja usando essa terminologia de cartum. As "organizações" dedicadas hoje em dia ao fundamentalismo e à violência, por seu lado, compartilham uma atração peculiar pelo subterrâneo: não somente seu pensamento é subterrâneo, como suas atividades são igualmente subterrâneas, literalmente.

E, finalmente, o que têm em comum o Hamas, o Hezbolá, o ISIS e a Coreia do Norte? Cavam túneis, onde vivem, nos quais protegem seus arsenais criminosos e através dos quais invadem territórios estrangeiros, como ocorre na fronteira entre Gaza e Israel — uma verdadeira raça "sub-humana".

Os últimos acontecimentos têm demonstrado que não faz sentido a atual tendência de nos dividirmos e nos separarmos em tribos, nas quais é exigida a "fidelidade absoluta a ideais predeterminados". Recentemente me tornei "conservadora", mas nem por isso acredito nas absurdas justificativas de Bashar al-Assad negando evidências e qualificando sua responsabilidade no ataque de armas químicas da semana passada como *fake news*, nem aceito a insistência da Rússia em defendê-lo, como fez no veto à resolução da ONU para condenar a Síria. Até o momento, penso que acertei em "escolher" Donald Trump, mas fico satisfeita comigo mesma por estar buscando o que é justo e certo, para além de idealismos sectários. Quanto a exigir do presidente dos Estados Unidos que se mantenha fiel a promessas de campanha, em vez de corrigir seu rumo à medida que adquire novos conhecimentos e se ajusta à importância do cargo que ocupa, bem, qualquer mente racional compreende que isso não faz nenhum sentido. "Quando a informação muda, eu mudo de ideia", afirmou John Maynard Keynes.

O fato de estar "satisfeita" com a minha escolha não quer dizer que não esteja com medo, apavorada, e sentindo-me "humilde" por estar acompanhando o desenrolar da história no centro nervoso dos acontecimentos. Por outro lado, é levemente reconfortante saber que, se algum dia houve uma "força do bem" emanando dos Estados Unidos para "organizar o mundo", ela agora está de volta.

Quanto às alegações de que as ações americanas sempre resultaram num futuro pior do que o quadro que as motivou, vou pedir para discordar. Basta observar em que estado ficamos depois de oito anos da diplomacia falida de Barack Obama.

Ser transgênero, acreditem, virou "moda" nos Estados Unidos

Não sei vocês, mas a brutal realidade do movimento transgênero se materializou para mim quando me mudei para os Estados Unidos, no final de 2014. Desde então, a cada dia que passa mais entro em pânico quando vejo o crescente apoio a essa insanidade terrível, e não consigo parar de pesquisar a respeito.

Os Estados Unidos, como todo mundo sabe, se orgulham de não só respeitar, como de proteger e incentivar as diferenças. Mas há outro componente nessa história: também são notórios por *exportar* esse reconhecimento — quem sabe "impor" seria um termo melhor — através do cinema e das redes sociais.

Pois neste fim de semana topei com uma vertente de depoimentos de pessoas que, acreditem, decidiram "reverter" a transição para o sexo oposto. É de cortar o coração.

O que mais me apavora é a tendência atual de deixar que crianças, às vezes com menos de seis anos de idade, decidam que preferem viver como sendo do sexo oposto ao de seu nascimento. No depoimento de Cari Stella, passamos a entender como o "transgenderismo" é não apenas uma doença, mas também uma doença contagiosa.

Não me levem a mal. É nossa sociedade que está doente, por não só permitir, como encorajar esse estado de coisas. Num dos casos mencionados, uma garota de 14 anos queria "transicionar" porque três de suas amigas já haviam "transicionado", isto é, embarcado nessa perigosa jornada de tentar se transformar em homens. Como é possível que uma condição reconhecida, porém rara, ocorra ao mesmo tempo em quatro membros de uma mesma comunidade? Fico com a impressão que, do mesmo jeito que a gente na minha época pintava o cabelo metade de laranja e metade de vermelho (eu, pelo menos, fiz isso, além de raspar os dois lados da cabeça ao estilo "moicano"), os jovens hoje em dia tomam hormônios em doses cavalares e passam por cirurgias de "reatribuição de sexo".

A gente também aprende com Cari Stella que essas pessoas infelizes, em qualquer estágio de sua transformação, se fecham em grupos de gente que passa pela mesma coisa, o que limita sua percepção de uma realidade exterior, concreta, palpável.

Em um vídeo tosco, com duração de dezessete minutos, Stella, que "experimentou" se tornar homem e depois decidiu reverter o processo, tenta desfazer alguns mitos, como, por exemplo, o fato de que os efeitos da testosterona sobre o corpo feminino são irreversíveis, e prova isso com sua própria vida. Mostra como, na maioria das vezes, essa ideia louca de mudar de sexo provém de trauma, de um problema mental, ou, mais simplesmente, de uma orientação sexual. Quer dizer, uma mulher pode se sentir lésbica e nem por isso desejar ser homem, mas não é o que vem sendo incentivado nos últimos anos.

O que torna mais grave essa epidemia de insanidade

é que uma pessoa homossexual, por exemplo, pode mudar de ideia a qualquer momento e passar a se deitar com pessoas do sexo oposto, a não ser, por exemplo, que tenha se "comprometido" com alguma cota de proteção. É isso mesmo: do mesmo jeito que durante anos os negros foram compensados e protegidos por cotas de emprego e de vagas nas universidades, o movimento LGBTQIA está forçando a barra, e já a ponto de obter o mesmo favorecimento. Fico pensando: como uma pessoa comprovaria que é homossexual, por exemplo, para um empregador ou um comitê de admissão? Mostrando um vídeo no qual faz sexo com outra pessoa? Loucura. Quando se trata de um transgênero, no entanto, a mudança de opinião pode não ser tão simples. O mais provável, como ocorreu com Stella, é que termine com "cicatrizes no peito" (ou no baixo ventre, no caso de meninos), resultado de uma mutilação irreversível, uma "voz de taquara rachada" e a presença ou ausência de pelos pelo corpo.

Muitos pais parecem não saber o que fazer quando um filho apresenta esse tipo de sintoma, e acabam cedendo à pressão por "diversificação" exercida pela sociedade. E não é só isso. Como sempre ocorre aqui nos Estados Unidos, rapidamente se criou uma "rede de proteção" que resultou na criação de centenas de "clínicas de transição", nas quais basta o paciente "dizer" que quer mudar de sexo para obter tratamento com hormônios perigosos e, em seguida, se submeter a dolorosas mutilações corporais. Nem precisa ser maior de idade, e na maioria dos casos esses pobres coitados não são mesmo. Cari Stella, por exemplo, passou pelo processo a partir dos 14 anos. Segundo ela — que já foi ela, tornou-se ele e agora, aos 22 anos, voltou a ser ela — conta, teve apenas três sessões de terapia antes de se decidir, e nunca ninguém se incomodou em explicar a ela que poderia haver outras soluções para o seu problema, e mais, que ela não estava sozinha no mundo. A única opção que lhe foi apresentada foi submeter seu corpo perfeito a um tratamento de "T", como carinhosamente seus pares apelidam uma substância maravilhosa quando administrada pela sabedoria do corpo, de dentro para fora, mas incrivelmente perigosa quando injetada de fora para dentro sob a supervisão de um profissional de saúde muitas vezes pressionado, não pelo conhecimento científico de seu tempo, mas por uma ideologia, e para seguir a "moda".

Uma vez tais clínicas estabelecidas e espalhadas por todo o país, ficamos sabendo, o número de pessoas "transicionando" passou a crescer exponencialmente, e como costuma acontecer, virou um "negócio": são milhares anualmente, e não só nos Estados Unidos. Não surpreendentemente, também tem crescido exponencialmente o número de pessoas que estão decidindo "destransicionar", não sem um custo muitas vezes impagável: o da sua saúde e integridade física.

Tudo por amor à diferença. Acreditem, isso está mesmo acontecendo atualmente. E não importa de que lado você se posicione, a única verdade indiscutível é que a prática médica atesta que, apesar de todos os malabarismos químicos e cirúrgicos, é impossível transformar o sexo de nascimento.

O movimento transgênero não está sozinho na jornada progressista em prol da destruição da família, na trilha de uma obsessão por sexo que surgiu na década de 1960 nos Estados Unidos. Começou, inocente e entusiasmadamente, pelo "sexo livre", obteve um bom endosso em 1973 com a famosa decisão da Suprema Corte conhecida como Roe v. Wade, que legalizou o aborto sem limites até o 9º mês de gravidez (é isso mesmo, ou vocês acreditavam que nos Estados Unidos a lei do aborto se limitava às gestações até o 3º mês, como ocorre informalmente no Brasil?) e, mais recentemente, praticamente eliminou o direito à defesa dos acusados de abusos sexuais nas universidades imposto pela administração Obama, que, como mostra um artigo de hoje no *Wall Street Journal,* amplia a definição de abuso de forma a incluir "qualquer forma de sexo normal e consensual, sob o efeito do álcool", por exemplo. Tudo faz parte de um mesmo movimento, que inclui também a onda crescente de denúncias de assédio, presente também no Brasil. Trata-se de uma firme campanha para desestabilizar a sociedade naquilo que é mais vital, e do qual praticamente ninguém escapa: o instinto sexual. Um verdadeiro estupro social.

A PRAGA SE ESPALHA: ASSÉDIO SEXUAL NO UBER

Sei, sei, a gente tem ouvido muitas coisas negativas sobre o Uber, principalmente no Brasil, onde o aplicativo passou de queridinho a odiado, e foi "oficializado" pela Câmara dos Deputados.

Trata-se de mais um experimento da economia alternativa que vai para o espaço, provando que a ideia não era tão boa assim.

O assunto do *Wall Street Journal*, porém, é a quantidade de acusações de assédio sexual na empresa, que, aparentemente, são desculpados em nome de uma "performance".

Nunca usei o Uber, não posso opinar. Mas acho muito esquisito que de repente se escute falar a todo minuto de assédio sexual, em todas as empresas e organizações.

Lembrou-me uma historinha meio antiga (conferi, 2013) em que um garotinho de seis anos foi suspenso da escola aqui nos Estados Unidos por ter dado um beijinho numa menina. O que se seguiu foi a "onda de estupros" nos campi de universidades, outra onda de processos contra assédio sexual e a ideia da "fluidez de gêneros", que no momento somam 23 variações, para nem mencionar as "colônias de férias para crianças transgênero" onde as crianças de até seis anos são encorajadas a externar sua "identidade sexual".

Nosso mundo infestado de ativistas está ficando simplesmente insuportável. Considero urgente uma separação de poderes entre a lei e a "voz das ruas", que anda barulhenta demais.

No caso do Uber, uma defesa (ou limpeza, sei lá) de sua cultura "infectada" está nas mãos de uma mulher, Arianna Huffington, ex-magnata da mídia. Veremos onde isso vai parar.

Vitória marxista
Contra a dor da realidade: sem um tiro

Pois é. Como se não bastassem as complicações da vida moderna, as *fake news*, a cortina de fumaça que parece ser continuamente gerada para nos impedir de assentar a cabeça por um minuto que seja, agora ainda temos que lidar com essa praga de WikiLeaks.

Não me levem a mal. Não estou bem certa se o Wiki-Leaks nos faz bem ou mal. Afinal de contas, quem pode ser contra as vantagens de se saber a verdade?

A CIA controla os nossos telefones. A CIA controla os nossos automóveis. A CIA se esconde em nossos aparelhos de TV desligados.

E agora, ficamos sabendo que a CIA disfarça as suas "pegadas" fingindo que, por trás de suas ações de espionagem, ou de manipuladores da realidade, estão russos, chineses e iranianos. Lá se vai pelo ralo qualquer possível objetividade nas intermináveis investigações sobre o possível conluio entre a equipe de Trump e a famigerada Rússia de Vladimir Putin.

Quem, afinal, está interessado em saber tantas minúcias sobre a vida de tanta gente? E para quê?

A maioria das pessoas se contenta, por exemplo, em ligar a TV, não precisa saber como funciona a caixa preta (hoje tela plana), como chegam a ela as imagens que nos relaxam (mas hoje em dia mais nos angustiam), ignorando até mesmo os mecanismos de comunicação entre a tela e o controle remoto que a comanda, que dirá um computador, telefone celular. Basta saber onde está o botão "ligar".

Já outros estão contaminados por uma febre de esmiuçar, são ávidos consumidores de documentários do History Channel na linha "como funciona". Como o meu marido, por exemplo, que com todo o seu conhecimento — que ele não só nem se preocupa em compartilhar, como se recusa a fazê-lo —, julga-se superior. Agora imaginem como se sente um diretor da CIA, sabendo como funcionam todos os humanos em sua ampla periferia (hoje em dia, ouvi dizer, abrangendo o mundo inteiro): um "Deus", com toda a certeza.

Deve ser por isso. Ânsia de poder.

Estou lendo um livro impactante — ainda não sei se estou gostando ou não, se é tudo verdade ou apenas mais uma louca teoria de conspiração —, que descreve, de forma didática e com base em depoimentos e pesquisas, como os marxistas tramaram, e continuam tramando para tomar o poder nos Estados Unidos, a partir da chegada ao país de luminares da Escola de Frankfurt vindos da Alemanha de Hitler, entre eles Erich Fromm, Herbert Marcuse e Theodor Adorno, autores da chamada "literatura axilar" da minha adolescência. Ainda me lembro da capa de um livro de Erich Fromm, *A arte de amar*.

A coisa vem de longe, meus amigos. O que havia por trás da revolução dos costumes dos anos 1960? Do lindo movimento hippie? Do amor livre? Da reação contra a Guerra do Vietnã?

Isso mesmo: o marxismo (não, não estou defendendo a guerra do Vietnã).

O livro — que até citei aqui antes de comprar, chama-se *A rachadura da mente americana* — cita um depoimento do ex-Secretário de Estado e ex-candidato presidencial John Kerry, que, como senador, em 1971, testemunhou na Comissão de Relações Exteriores do senado americano ter ouvido de um soldado que "os americanos estupravam, decepavam orelhas e cabeças, davam choques nos genitais de pessoas com fios desencapados de telefone, decepavam membros, explodiam corpos, atiravam a esmo contra civis e arrasavam cidades à moda de Gengis Khan", sem nunca revelar sua fonte, com o intuito de, bem, desmoralizar a luta americana contra o comunismo. Tudo, simplesmente, mentira. Ou, como qualifica o autor do livro, pura "desinformação".

Um dos capítulos do livro se chama, exatamente, "A era da desinformação", grandemente favorecida, como temos visto, pela ampliação dos mecanismos de comunicação. Com as redes sociais para nos desinformar, quem precisa de ferramentas sofisticadas para, como diz o autor, "lavar" as informações plantadas? A principal estratégia desses neomarxistas — que, para encontrar o caminho de nossos empedernidos corações ocidentais, segundo afirma o autor David Kupelian, substituíram suas duras palavras de ordem por doçuras da ordem de "igualdade para todos, justiça econômica, redistribuição, progressivismo, espalhando a riqueza" — é disseminar uma série complicada de fatos falsos e numerosos depoimentos que, devido à sua complexidade e grau de enredamento, torna impossível a identificação de sua fonte original. Impressionante.

Tudo não passaria de incômodo exagero se, enquanto lia o livro ontem à noite, eu não estivesse escutando, vindo da TV ao fundo, um quadro rigorosamente igual ao descrito pelo autor, com a confusão, o nevoeiro e o excesso de declarações dissolvendo a informação e sendo disseminados nos casos em pauta nos EUA neste momento, com destaque para o conluio entre Trump e a Rússia.

O livro, claro, destaca a eleição e os anos de governo de Barack Obama — cujos vínculos com o marxismo ativista são descritos com concisão e clareza — como essenciais para o sucesso dessa mais que conspiração contra o modo de vida americano, elevada à categoria de 3ª Guerra Mundial que, segundo o autor, deveria ser vencida sem que um só tiro fosse disparado. E que, mesmo assim, explodiria o nosso estilo de vida, calcado na apreciação da liberdade individual e no respeito à Constituição.

A certa altura, fiquei meio impaciente e pulei para o capítulo 9, intitulado "A loucura do gênero", que não só é assunto que me causa extrema preocupação, como foi exatamente o que me levou a esse livro. Nesse trecho ficamos sabendo como ocorreu a manipulação do sacrossanto Manual Diagnóstico e Estatístico dos Transtornos Mentais, da APA — Associação Americana de Psiquiatria — o DSM-5, que cansei de ver citado em livros de Psicologia que editei, sendo a Psicologia uma de minhas especialidades como editora, e que não só transformou em doença mental algumas características normais da mente humana, deflagrando a "revolução dos remédios", como também retirou o rótulo de doença mental antes atribuído a transtornos do gênero, sutilmente transformando uma séria patologia, que o autor descreve friamente como "mania de amputação de órgãos saudáveis", em uma simples "disforia" — segundo o Houaiss, estado de depressão, ansiedade e inquietude. Soa familiar?

Não faço ideia de como o autor irá costurar todas

essas *malaises* contemporâneas tão bem incorporadas ao nosso dia a dia para chegar a uma conclusão, que, segundo promete a introdução, levará os Estados Unidos — e ele não diz, mas eu acrescento: o resto do mundo, que, apesar de se proclamar antiamericanista, segue cegamente a cartilha progressista daqui intensamente propagada — de volta ao caminho do amor, da família, da tranquilidade e da liberdade que fomos descartando pelo caminho.

Um fato curioso é que o livro, escrito em 2015, dá como certa a vitória de Hillary Clinton no ano seguinte, condição crucial para que a "revolução" prosseguisse e chegasse à vitória final. Como se inseriria nesse cenário a surpreendente vitória de Donald Trump? Por meio de um fator humano sempre subestimado, chamado "povo de verdade", em geral tratado como apenas um número nas pesquisas?

Outra passagem marcante mostra como o aborto foi legalizado nos Estados Unidos, na década de 1970, através da adulteração dessas mesmas pesquisas, um "complô" confessado pelo mesmo homem que o tramou e posteriormente se tornou um "defensor da vida": o número de mulheres vítimas fatais de abortos malfeitos nos Estados Unidos foi maquiado, indo de 200 a 250 por ano a muito mais assustadores 10 mil. Em seguida à liberação, milhões de mulheres passaram a inundar as clínicas de aborto oficiais, e hoje em dia, afirma o autor, o aborto tem sido usado como "controle da natalidade".

Essa e outras "revoluções do comportamento" constituem basicamente a agenda de reformas — melhor dizendo, "reversão de reformas" — apresentada por Donald Trump, que esta semana constituiu um comitê para tratar do abuso de opioides, fato tratado com descaso pela mídia progressista, como vem sendo a norma, acusando o presidente de "dourar a pílula" — ops, desculpem, "subestimar o problema".

Uma breve folheada pelo livro afora mostra que ainda trará outros temas dos quais me ocupo, entre eles a excessiva ingestão de drogas aqui nos Estados Unidos e a introdução de novas palavras para descrever fatos e coisas antigas, que constitui a base do politicamente correto e da manipulação do pensamento.

Ironicamente, a mesma Rússia que nos deu o marxismo agora está sendo combatida como nossa pior inimiga, talvez porque ela mesma tenha se desvinculado da filosofia comunista, com a ajuda inestimável de Ronald Reagan, o homem que ajudou a derrubar o Muro de Berlim.

HOMENS E MULHERES NÃO SÃO IGUAIS...
E O TRANSGENDERISMO FALHA EM MUDAR
ISSO

Lembram que no outro dia escrevi que os assim chamados "transgêneros femininos" estão rou... ops, integrando o mercado de trabalho de moda, antes "exclusivo" de mulheres "cisgênero"?

Pois é. Isso não é o pior. Enquanto a competição entre mulheres e não-tão-mulheres nas passarelas passa apenas por um prejuízo financeiro (e estético e moral), há ou tro cenário no qual tal interferência pode ser, literalmente, mortal: a prática de esportes.

Um artigo que li esta semana, "Atletas mulheres esmagadas por 'mulheres que já foram homens'" (e continuam sendo, apesar de seu grande esforço na direção contrária...) foi meio surpreendente até para mim, que me considero uma "militante antitransgênero" por excelência e que, antes de lê-lo, me sentia bastante sozinha em minhas perorações, geralmente rotuladas no portal Crônicas da KBR com a tag "loucura americana" (e a partir de hoje também como "antitransgenderismo").

Pois a loucura já chegou muito mais longe. Segundo o artigo, "'Se homens podem argumentar que são mulheres e invadir um esporte no qual somente mulheres estão autorizadas a competir, podemos apostar que os homens vão vencer', escreveu o colunista d'*O Federalista* Brandon Morse. 'Todos os elogios, prêmios e reconhecimento serão tirados das mulheres que os merecem por direito e dados a um homem que, essencialmente, trapaceou usando maquiagem, se injetando com hormônios e dizendo que é mulher'".

O perigo não se limita a esse descrédito, já que a arena esportiva é um local de embate físico. E nesse quesito, o artigo explica muito bem, as diferenças biológicas entre homem e mulher são irreconciliáveis. Maldita biologia!

Duas coisas muito estranhas saltam à vista. Uma delas é que esses travestis tecnológicos não são nada mais femininos do que seus antecessores menos medicados; por mais que façam, coitados, e se submetam a tratamentos terríveis, continuam parecendo homens, o que pode ser verificado nas diversas fotos que ilustram o artigo. A outra, mais chocante ainda, é que somos por alguma "força misteriosa" obrigados a aceitar esse estado absurdo de coisas e dizer amém a ele, sob o risco de sermos considerados preconceituosos, intolerantes e ultrapassados:

A insanidade de tudo isso afeta não somente o indivíduo transgênero e as atletas mulheres assim vitimadas (...). Também contribui para uma espécie de ilusão em massa que está infectando toda a nossa sociedade, na qual, graças à influência do poderoso movimento LGBT, todos agora precisam reafirmar essa loucura absurda — que um homem que é essencialmente um travesti pode competir contra mulheres em iguais condições — sob pena de sofrerem abuso e perseguição, sendo taxados de intolerantes, simplesmente, por estarem dizendo a verdade.

O artigo se baseia, essencialmente, no livro *The Snapping of the American Mind* [*A rachadura da mente americana*, em tradução livre], com o revelador subtítulo "Curando uma nação alquebrada por um governo sem lei e uma cultura sem Deus", de David Kupelian, que reuniu extensa documentação, apresentada, principalmente, no capítulo "A loucura do gênero". Vem a calhar para me lembrar, essencialmente, por que apoiei Donald Trump nas últimas eleições, e não foi para cortar impostos nem mudar a política de planos de saúde. O assunto também é central no meu novo livro *Amor, duro amor*, publicado também em inglês com o título de *Tough Love*.

E embora eu seja essencialmente agnóstica, passei a entender a função primordial de um Deus e até da religião, nesse contexto enlouquecido e enlouquecedor: eu costumava acreditar piamente que "religião era uma coisa primitiva", mas vejo agora que sua força orientadora, infelizmente, ainda é crucial nos dias de hoje, já que na sua ausência nos colocamos imediatamente a "brincar de Deus" e a alterar o rumo biológico das coisas, sem parar um segundo para avaliar as consequências desse comportamento.

Trata-se de um cenário muito agravado e piorado daquela fábula infantil em que a criança se dá conta de que "o rei está nu". No caso, não está na verdade nu, mas travestido de mulher.

Por muito menos que essa loucura de gênero, avançadas sociedades bíblicas e míticas — Sodoma, Gomorra e Atlântida entre elas — foram destruídas por um deus que se sentiu deixado de lado. O nome dele é "sanidade mental", e se não nos recuperarmos logo dessa maluquice transgeneracional, poderemos sem perceber acabar enveredando pelo mesmo caminho.

VERDADES, MENTIRAS, PIADAS E EXCESSO DE NOTÍCIAS

Li n'*O Globo* indagorinha um "especial" de três escrito-res brasileiros com textos sobre "os EUA de Trump". Os três, claro, são contra o presidente. E mais: os EUA a que se referem se limitam à Califórnia, estado "azul" por excelên-cia e destino favorito de 10 entre 10 intelectuais de "bom gosto". Nenhum deles arriscaria a pele para escrever sobre a "América profunda", a mesma que motivou ases da literatu-ra como William Faulkner, por exemplo. Embora o próprio Faulkner, aos quarenta e poucos, tenha se mudado para a... Califórnia. Sem escapatória. Onde já se viu escritor que se preze morando em Greenville, na Carolina do Sul?

Não é nada charmoso ser a favor de Donald Trump. Menos ainda se levando em conta o mundo maravilhoso e progressista que felizmente deixamos para trás, com todas as minorias de que se têm notícia — e mais algumas cria-das pelas notícias — tendo seus direitos não só respeitados, mas enlevados, alçados à categoria divina, a maravilhosa diplomacia caracterizada por uma "paciência estratégica", a brilhante teoria segundo a qual incentivar um de nossos piores inimigos a atrasar em 10 anos sua ambição nuclear contribuiria para eliminar o programa que nos ameaça. Vai que eles esquecem as benditas turbinas, não é mesmo? De qualquer maneira, daqui a 10 anos o mundo já terá esquecido a "marca" de Obama. A não ser que o mundo se... hum, melhor deixar pra lá.

Vocês podem discordar, mas é uma espécie de alívio ter um presidente verdadeiramente transparente, embora acusado de mentir por quase todos os lados. Trump é incapaz, por exemplo, de apertar a mão de uma pessoa pela qual não tem simpatia e da qual discorda veementemente, como ocorreu ontem à tarde no encontro com Angela Merkel: iniciado com disposição amigável, acabou sem o costumeiro aperto de mão para as câmeras oficiais.

Enquanto isso, do outro lado do mundo, vejamos: o *Wall Street Journal* elogiou a mudança de tom do Secretário de Estado Rex Tillerson, que declarou à Coreia do Norte que a *pax*, digo, paciência americana tinha se acabado. "Rex Tillerson acirrou os ânimos em sua primeira viagem à Ásia", disse o jornal, "por — estão sentados? — dizer a verdade". Título do *WSJ*: "Tillerson fala a verdade coreana". Título d'*O Globo* sobre o mesmo evento: "China adverte secretário de Estado de Trump contra ação militar na Coreia". Ambos os fatos ocorreram, mas títulos são escolhas importantes. Como todo mundo sabe, o leitor hoje em dia raramente vai muito além da manchete.

Nossa cultura de mídia 24 horas por dia se caracteriza pela invenção e pela repetição de notícias, que permitem que tal cultura exista. Afinal de contas, quem arranja tanta notícia, não é mesmo? A mentira e a encenação estão tão intrincadas em nosso dia a dia que a gente, por um lado, chama isso de "diplomacia", e, por outro, não consegue mais lidar com a dura verdade, que em geral é ofensiva demais para nossos ouvidos delicados. Pelo menos para os ouvidos delicados dos progressistas.

Sim, é difícil pesquisar, ir a fundo em qualquer assunto, investigar as partes envolvidas e tentar chegar a uma conclusão que não esteja maculada por crenças preconcebidas. E por isso não é raro que a gente desista, ou, como é mais frequente, nem tente. Ninguém tem mais tempo para isso.

A coisa só fica grave quando a gente percebe que um presidente americano, que tem nas mãos o destino de tanta gente, extrapolando em muito suas próprias fronteiras nacionais, cai muitas vezes na tentação simplista de expressar uma opinião baseada no que ouviu... num show de notícias na TV. Pior, ter seu porta-voz na coletiva diária com a imprensa citando como fonte esse mesmo colaborador... de um show de notícias da TV. É dar muita corda para o 4º poder, mesmo que seja um poder a favor, em se tratando da Fox News.

Foi o que aconteceu esta semana, com as acusações de Spicer e Trump de que um agente secreto britânico teria "grampeado" o candidato presidencial como um favor para o governo anterior, em seguida se recusando a desmentir e se "desculpar".

É quase certo que tem gato escondido nessa história cabeluda, e a piada de Trump em sua coletiva com Merkel foi direto ao alvo de suas suspeitas: "Pelo menos uma coisa temos em comum", disse Trump a Merkel, se referindo ao fato de que ambos foram grampeados pelo governo de Obama. O caso de Merkel — e outros semelhantes, incluindo o da brasileira Dilma — foi comprovado em 2015. Convenientemente, e como um bom menino, ops, líder americano, Obama se "desculpou" pelo grampeamento. Tudo resolvido.

O X do problema foi apontado pelo vice-diretor da NSA, serviço de inteligência americano, para o *Times of London*: "Para dar o seu melhor, a inteligência não precisa ser politizada. Seu papel é dizer a verdade para o poder". Sem medo de errar, pode-se aqui usar "inteligência" em seus dois sentidos possíveis: "espionagem" e "capacidade de entendimento". Esta última modalidade tem estado em falta em nossa sociedade.

É muito bem-vinda uma era de (alguma) transparência na política, doa a quem doer. Mas não devemos nos enganar: a Casa Branca precisa *produzir* notícias, não reproduzir o que ouviu na TV, num círculo mais que vicioso.

Presidente, por favor, pare de assistir tanta TV!

ATOS DE IMIGRAÇÃO DE DONALD TRUMP: VERDADES E MENTIRAS

Para livrar a minha reputação, deixem-me começar este editorial explicando que sou 100% a favor de qualquer tipo de anistia para imigrantes ilegais. Não vejo outra maneira de eliminar um problema crescente da ordem de 11,4 milhões de pessoas, nem precisa considerar a "crueldade" e a possibilidade de "separação de famílias".

O problema é de ordem prática, mesmo. Como fazer para "repatriar" esse número absurdo? Guardadas as proporções, é como tentar resolver o problema dos refugiados palestinos, cuidadosamente preservados em "campos" há quase 70 anos e hoje uma questão incontornável para o Estado de Israel, mas aí já estamos misturando alhos com bugalhos. E por ter se tornado uma questão de lógica, ou melhor, de logística, e por confiar na perspectiva racional da administração Trump, mesmo contrariando promessas de campanha e os interesses de seus correligionários conservadores, quero crer que mais cedo ou mais tarde tal anistia virá.

Mas enquanto não vem, atenhamo-nos aos fatos,

mesmo porque tais fatos já estão, como de praxe, contaminados pela manipulação do léxico tão competentemente levada a cabo pelos ditos progressistas, que não perderam tempo em substituir a clássica definição de "imigrante ilegal" pelo eufemístico "imigrante sem documentos", despindo a situação de seu componente radicalmente contrário à lei federal.

Ora, entendemos que a lei não é eterna, pode e deve ser mudada de acordo com a evolução que sofre determinado conceito através do tempo, e uma das estratégias para conseguir tal atualização é a proverbial "forçação de barra". Existem leis que são francamente opressivas, frontalmente opostas ao que é conhecido como "*Jus Cogens*", termo jurídico que aprendi no fim de semana com meu filho advogado e que se refere a infrações de ações tidas como ilegais pelo "senso humano comum", como o genocídio, o tráfico humano e a discriminação racial. O que incluiria, por exemplo, o socorro a refugiados. E entre as infrações, a proibição que existia nos EUA para casamentos inter-raciais até 1967, bem defendida no filme "Loving", que assisti também neste fim de semana.

A meu ver, a atual crise de imigração tem pouco a ver com isso. O grosso da população imigrante que hoje é ilegal, digo, não portadora de documentos, veio para cá em busca de qualidade de vida e empregos mais lucrativos. Quem poderia culpá-los?

Bem, li em algum lugar recentemente que "geografia é destino", e, cá entre nós, sempre entendi como um certo "carma" o fato de, por exemplo, nascer e crescer no Brasil. Mas a verdade é que, além da oportunidade, é a falta de respeito à legalidade que faz ou desfaz um país, quer dizer, o povo é mais ou menos culpado pela falta de capacidade de seus dirigentes, por mais duro que isso possa soar. E não haveria logística que pudesse evitar uma situação de caos se todos os habitantes de países ditos de terceiro-mundo decidissem, em vez de lutar por melhorias em seu próprio país, emigrar livremente para países mais bem-sucedidos.

A lei é dura, mas existe porque precisamos dela. E a disposição da atual administração de restaurar uma lei que acabou se tornando irrelevante, e até de certa forma "criminosa", me parece um sólido primeiro passo em direção à solução do problema, já que em 50 dias do governo Trump tem-se notícia de que a entrada de imigrantes ilegais no país caiu em 40%. Para remediar um alto consumo de água, por exemplo, o primeiro passo é consertar os vazamentos (entradas ilegais), para, em seguida, tomar tento do consumo real e combatê-lo com medidas de economia (anistia). Pouco adianta colocar o carro na frente dos bois, ainda que os bois sejam encarados por ambientalistas como "maltratados e explorados".

É bem difícil ir contra a atual "corrente de bondade" em benefício dos imigrantes que correm risco de deportação, dado o componente emocional humano intensa e individualmente explorado a cada situação. Mas, para mim, como imigrante, a noção de que "a América é para os americanos" parece normal, aceitável e até esperada, como algo de que não se pode escapar. Não vejo como, sendo estrangeira, eu possa obter todas as vantagens de cidadã, o que não me impediu de solicitar um Green Card na primeira oportunidade, provendo toda a documentação necessária, gastando o dinheiro necessário e provando que era qualificada de acordo com, imaginem, a lei. E assim que possível, daqui a um ano, se continuar por aqui, vou requerer a cidadania a que tenho direito. Não vou me limitar a me esconder "nas sombras", sem tomar nenhuma atitude a não ser "rezar" para não ser pega pela polícia e, por causa disso,

viver dezenas de anos assombrada pelo medo e me submetendo ao subemprego, com as decorrentes subcondições de
trabalho e remuneração. Como um cenário desses poderia
ser benéfico para alguém, a não ser, é claro, alguém que
perceba tais desvantagens como um incrível avanço em relação às condições de vida do lugar de onde veio?

Tenho lido relatos espetaculares e espetaculosos de
pobres-coitados abusados em seus direitos e cruelmente
deportados sem chance de defesa, como o caso de uma
mulher de Singapura que se tornou viral na internet. Ca-
sada com um inglês, teria vivido em Singapura por temporadas prolongadas desde seu casamento, em flagrante des-
respeito à legislação britânica, e tampouco se preocupou
em providenciar a devida documentação de permanência.
Os viralizadores do caso alegam que ela foi deportada num
domingo, sem direito a defesa e deixando para trás um marido doente, mas para quem leu o artigo ficou claro que
ela permaneceu bastante tempo num centro de "detenção"
ou coisa que o valha, tempo que poderia ter usado para se
defender ou providenciar os documentos.

A verdade é que muita gente se ilude, acreditando
que "isso nunca vai acontecer comigo". Mas, como diz o
ditado, *"better safe than sorry"*, isto é, melhor se assegurar
de alguma coisa do que se lamentar depois. E num país que
se orgulha de ser "o império da lei" — um dos fatores, aliás,
que mais me atrai nos Estados Unidos, depois de uma vida
vivida num país onde há "leis que pegam e leis que não
pegam" —, o mínimo que se pode esperar é que tal lei seja
cumprida um dia.

Eu poderia ir longe nessas especulações e justificativas, mas vou ficar por aqui. Não sem antes desmascarar
mais um mito cuspido a torto e a direito pelos progressistas donos da bondade, que não têm nenhum custo, e, se

brincar, até auferem algum lucro para ficarem nas ruas se manifestando. A proverbial generosidade de um país "feito de imigrantes" é isso mesmo, nada mais que mito, e nem precisamos regredir no tempo até a era das "gangues de Nova York", nome de outro filme, que descreve sem meios tons a dureza e dificuldade de ser imigrante.

Vamos combinar, com a possível exceção de países africanos, todos os países existentes hoje são de uma forma ou de outra formados por imigrantes, visto que a humanidade emergiu na África. Na época da Segunda Guerra, boa parte dos judeus refugiados vítimas dos nazistas foram parar no Brasil e na Argentina por terem sido barrados nos Estados Unidos. Permanecer aqui era uma questão de "sorte e oportunidade", não de "generosidade", e olhem que tais refugiados se enquadravam perfeitamente na descrição de "imigração de qualidade", sendo na maioria intelectuais, artistas, cultos e bem-educados, embora despojados dos bens que possuíam em seus países de origem. Trabalharam, fizeram tudo de novo, mesmo com todo o trauma e sofrimento por que haviam passado não se contentaram com "viver nas sombras" e deixar rolar para ver como é que fica.

Tenho certeza de que entre milhões de imigrantes sem documentos vivendo nos Estados Unidos a grande maioria é de gente trabalhadora e que gostaria de ser honesta, se pudesse. Por isso defendo um processo de anistia que, nesta ordem, os identifique e lhes permita a legalização tardia com um prazo limite, ficando claro que uma vez decorrido tal prazo a lei será aplicada com todo o rigor. Não gostaria de ver o tal "império da lei" no qual tenho procurado me encaixar ser transformado numa selva sem lei.

Sinceramente, acredito que os manifestantes do bem

ignoram completamente o tanto que estão arriscando. E mais, apesar de declarações em contrário, nenhum desses imigrantes que estão sendo "ameaçados de repente" ignora os riscos que corre e vem correndo, conscientemente, há vários anos.

Nosso inimigo nº 1

Enquanto viajávamos de carro na sexta-feira passada indo para Charleston, onde passamos o último fim de semana visitando nosso filho, Alan e eu escutamos no rádio o programa do conservador Rush Limbaugh, uma espécie de "celebridade" do rádio conservador que ocupa com análise de notícias o horário de meio-dia às 3. No Brasil, devo admitir, eu o havia agraciado com o apelido de "Rush Limbo"; mas uma vez vivendo nos Estados Unidos mudei de ideia a respeito de Rush, como, aliás, de muitas coisas mais.

O tema do dia era verdadeiramente espantoso: com seu tuíte estrondoso, acusando Obama de tê-lo grampeado durante a campanha eleitoral, Donald Trump havia supostamente silenciado os múltiplos e persistentes rumores na mídia progressista de que teria havido um "conluio" entre sua equipe e agentes russos orientados por Vladimir Putin, com o intuito de interferir nas eleições americanas e dar a vitória a Trump.

Como lembrou Rush, havia — e continua havendo, porque na mídia online, em geral, tudo se preserva, embora exista uma tentativa de mudança nos textos que "não dão muito certo" — uma abundância de sinais em toda a mídia de que teria havido um frequente grampeamento, talvez não diretamente ordenado por Obama, porque isso vai contra a lei americana, mas certamente por agências de segurança sob sua administração. Por exemplo, a capa da edição impressa do *New York Times* do dia 20 de janeiro, dia da posse presidencial, se referia ao assunto nos seguintes termos, bastante explícitos: "Dados grampeados usados em investigação de auxiliares de Trump". A atenção dada a este assunto como decorrência do tuíte presidencial ressaltou a conclusão de que, apesar das múltiplas tentativas, não existe evidência de interferência russa.

Os tuítes de Trump, vale apontar, não se destinam a revelar verdades ou opiniões absolutas, mas a "balançar falsas noções profundamente aceitas", e nisso o presidente tem sido bastante efetivo, vamos combinar.

Uma vez obrigados a se desviar de sua principal linha de ataque ao presidente Trump, o que ocorreu foi que os canais esquerdistas-liberais decidiram mudar de tática, e um dos resultados disso foi o documentário da CNN ontem à noite, uma colagem de outras filmagens, sem nenhuma entrevista ou material inédito, mostrando Vladimir Putin como o "homem mais poderoso do mundo".

Trata-se, em princípio, de uma noção completamente falsa. Alguém aí já presenciou uma longa fila de líderes mundiais tentando a qualquer custo obter uma entrevista no Kremlin, com Vladimir Putin?

O que se viu no ar ontem à noite não negou nem ocultou por um minuto sequer suas reais intenções: atacar e humilhar Donald J. Trump. Descontando alguns momentos em que o documentário mostra um Boris Yeltsin bêbado ao som de "A Banda", de Chico Buarque (isso mesmo!), cedendo a presidência ao intrigante ex-agente da KGB Vladimir Putin, que de forma inexplicável (segundo o docu-

mentário, com base, digo novamente, em trechos antigos
de outros documentários), é adorado hoje em dia por 80%
dos russos, Fareed Zakaria não fez a menor questão de esconder seu objetivo principal. Uma das cenas vai direto ao
ponto, mostrando russos comemorando nos bares a vitória
do presidente americano. Hillary, por seu lado, estaria no
lado oposto deste espectro — o lado moral, por suposto —,
sendo objeto do ódio e da vingança de Putin por ter declarado, em sua campanha de 2008, que Putin era um agente
da KGB e que, "por definição, não teria uma alma".

Outro ponto em comum entre os dois líderes Putin
e Trump (segundo a lógica distorcida do documentário),
seria que Putin, tendo dado aos russos uma sensação de
segurança e autoestima depois de anos de mudanças políticas radicais, teria tornado a Rússia "grande de novo", motivo pelo qual consideraria Trump seu "aprendiz". Zakaria
terminou sua brilhante apresentação afirmando que "Putin
entende o mundo, mas será que nós, Trump em especial,
entendemos Putin"?

Cá entre nós, infelizmente para ele, Zakaria não foi
favorecido pelo *timing* de sua exibição, já que ontem mesmo foi divulgado que não só pessoas do comitê eleitoral de
Trump tiveram contatos com russos, mas também auxiliares de Hillary Clinton. Trata-se, simplesmente, de encontros normais em temporadas eleitorais.

Agora, por que estou descrevendo esse documentário, se este editorial pretendia em princípio ser a "Parte 2"
do texto anterior sobre a imigração no governo de Trump?

Já explico. No meu fim de semana em Charleston,
ouvi de algumas pessoas que Putin e a Rússia são considerados, sim, nossos inimigos públicos nº 1, e que o ISIS
e o fundamentalismo islâmico são apenas "uma distração".
Mesmo no caso do combate ao ISIS na Síria pelos Estados

Unidos, o único real objetivo seria atingir a Rússia. Entendo que essa é a "orientação oficial" ainda advinda da Era Obama; mas para mim, me desculpem, acontece exatamente o contrário. O fundamentalismo islâmico, atualmente concentrado no ISIS, é que é nosso inimigo n° 1. E a Rússia, com toda a insistência da mídia progressista, é que é uma distração!

Não existe maneira fácil de afirmar isso sem incorrer em acusações generalizadas de islamofobia, xenofobia e racismo, já que pega mal criticar os muçulmanos e os países de onde vêm, mas pega muito bem odiar os russos, bodes expiatórios da vez. Nunca ouvi falar em "russofobia", embora seja constante tal comportamento. Mais uma vez, dois pesos e duas medidas. Isso, para nem mencionar que a ultraprovocada Rússia é um país militarmente poderoso e possui um arsenal nuclear.

Tenho certeza de que apenas um pequeno percentual de muçulmanos é formado por terroristas, mas sua disposição de emigrar sem se integrar — e mais, de, na medida do possível "evangelizar" — não é segredo para ninguém. Nada tenho contra pessoas que querem professar sua fé em paz, mas, no caso de muçulmanos, me recuso a aceitar a intensa propaganda que os segue para onde vão, alegremente aceita por entusiasmados ativistas mesmo poucas horas depois de terem sofrido ataques terroristas. Tal situação está enormemente agravada pela crise de refugiados vindos do Oriente Médio, mas sua ação proselitista está em curso há anos, e seus efeitos são sentidos principalmente na Europa, embora os Estados Unidos tampouco estejam a salvo.

Por tudo isso, considero importante o famigerado e amplamente combatido decreto de "banimento" de Donald Trump, que não passa na verdade de um alerta simbólico: não deixaremos que nossos valores se percam, não observaremos nossa cultura passivamente se suicidar.

Todos são bem-vindos ao ocidente, com sua liberdade abrangente e suas promessas de felicidade constando da Constituição. Desde que apreciem e ao menos tentem adotar em alguma medida nossos valores culturais. Mais importante, tal decreto deixa claro que não vão conseguir nos dominar, porque, não se enganem: uma vez estabelecidos, os tão apreciados imigrantes islâmicos trazem consigo, com raríssimas exceções, sua mentalidade medieval, e a partir de então nossas próprias escolhas de cultivar nossa própria cultura passam a sofrer ameaça — o que é facilmente comprovado por fatos, sem preconceito nem especulação. Vejam, mais uma vez, o que está ocorrendo na França, Inglaterra, Alemanha e Holanda.

Enquanto escrevo este editorial, está em curso na TV uma defesa feroz da diversidade americana e de nossa aceitação de outras culturas, como, por exemplo, o hábito de comer pizza; tudo dirigido ao infeliz comentário do deputado Steve King, que, entre outras coisas enfatizou a necessidade de moradores dos Estados Unidos... aprenderem inglês. Mas isso é o mínimo, quer dizer, apenas o óbvio ululante. Quem pensaria em emigrar sem no mínimo arranhar a língua do país para onde está indo?

Por outro lado, se não existe uma língua comum, uma cultura comum, um território delimitado e alguns símbolos em comum, francamente, pode ser tudo, mas já não se trata de um país. Aceitá-los e cultivá-los como cidadãos nada tem a ver com o hábito e a necessidade de manter em comunidade e na intimidade nossas próprias e diversificadas heranças culturais, herdadas de nossos ancestrais. Sabem como é: em Roma, faça como os romanos, algo que há pouco tempo sequer seria discutido. E digo isso hoje como imigrante legal e parte integrante de uma dupla minoria, sendo brasileira e judia. Nunca me passaria pela cabeça não tentar me adaptar ao lugar onde vivo e, ao contrário, tentar impor aos habitantes locais minha visão das coisas e meu modo de vida.

Amamos tanto as minorias que estamos dando o nosso melhor para nos tornarmos uma delas, sem pesar as consequências. Só assim, quem sabe, nos livraremos da nossa proverbial "culpa ocidental" e de nosso desprezível, odioso complexo de superioridade.

E não pensem nem por um minuto que não hesito e me sinto mal em escrever esse tipo de coisa que, simplesmente, reflete o que sinceramente penso. Como vocês, também sou contaminada pela propaganda progressista, mas sinto que é meu dever e obrigação fazer o que posso para combatê-la, mesmo pondo minha "reputação" em risco. Peço desculpas por um eventual exagero.[4]

---

4 Atualização 21/03/2018: Justiça seja feita, o tempo provou que meu filho Erik tinha toda razão. Após a eliminação praticamente completa do ISIS pelo governo Trump, fica a cada dia mais claro que o governo russo é mesmo "do mal", por assim dizer, e sim, faz o que pode para nos incomodar.

Revolução progressista é contra a mulher

A atual revolução progressista é francamente contra a mulher, mas temo sinceramente que não estejamos percebendo isso.

Apesar de todas as marchas e manifestações de mulheres em toda parte pedindo liberdade e justiça, vejam como os valores femininos têm sido frequentemente atacados como parte do "novo feminismo" e da "revolução dos gêneros":

— A agenda progressista é a favor do aborto sem limites; embora boa parte das mulheres veja isso como "liberdade para serem donas de seus corpos", na verdade é o contrário: há um forte incentivo para deixarmos de ter filhos na sociedade ocidental, um papel social até há pouco imprescindível e insubstituível.

— Boa parte do movimento "transgênero" é constituída de homens que querem se transformar em mulheres, já que o oposto é biologicamente muito mais difícil; apoiar essa minoria parece moderno e inclusivo, mas, na prática, as "novas mulheres" estão usurpando postos de trabalho (como na moda, por exemplo) e querendo se beneficiar de incentivos legais criados para ajudar as mulheres.

— Em aparente contradição com seu extremado "liberalismo", ativistas femininas têm se deixado ser levadas por mulheres que usam *hijabs*; parece inclusivo, porém... o *hijab* não é símbolo de liberdade, mas de opressão às mulheres sob a Lei de Sharia.

— Finalmente, toda a propaganda em favor do islamismo, cultura que não tem a menor pretensão de esconder que deseja conquistar o ocidente e a civilização ocidental num movimento "pacífico" sem precedentes, tem apelado ao inclusivismo das mulheres, que o aceitam alegremente; porém... o tratamento dado às mulheres na cultura muçulmana remonta à Idade Média, e nada indica que pretendem mudar isso uma vez vivendo no ocidente.

Enfim, embora tal pensamento seja "vendido" e "propagado" como politicamente incorreto, nossas conquistas sociais vêm sendo atacadas sistematicamente. Se fosse mais jovem, eu certamente me disporia a ter meia dúzia de filhos para me defender da eliminação da minha civilização. Infelizmente, tal consciência chegou tarde para mim, já que, como uma mulher "avançada" da minha geração, optei por não ter filho nenhum. Não há nada hoje em dia de que me arrependa mais.

Às mulheres de menos de 30, aconselho que não deixem para depois os filhos que vocês podem gerar hoje. Nossa cultura "avançada", que recomenda ter filhos depois dos 40, tampouco é benéfica para a humanidade, uma vez que reduz substancialmente, em uma média de 20 anos, o tempo de convivência entre as gerações para a passagem de conhecimento e experiência.

Enquanto a gente cai nessa, a força por trás dessa

tal "sociedade progressista" que tanto adoramos, e da qual tanto nos orgulhamos, está se ocupando de povoar o mundo que temos deixado à deriva. Tudo isso não vai resultar em mais diversidade, mas numa sociedade em que a maioria dos humanos vivos será "deles", não "nossa".

Diga não ao ataque progressista!

FAÇA AMOR, NÃO FAÇA GREVE
(DIA INTERNACIONAL DA MULHER)

Quem já me lê há mais tempo sabe que não ligo a mínima, e até rejeito essa ideia de um "dia internacional da mulher". Apesar disso, reconheço, não só que as mulheres — o que inclui escritoras mulheres e também editoras mulheres, como no caso do Crônicas da KBR — têm um jeito diferente dos homens ao lidar com a realidade, e talvez outras preocupações particulares, típicas do nosso gênero. Reconheço também que embora nós, mulheres ocidentais, sejamos sortudas o suficiente para gozar de uma independência e liberdade abrangentes, tal não acontece em muitos países do Oriente Médio e, até mesmo, em comunidades na Europa vivendo sob a estrita tradição muçulmana.

Nossos eternos progressistas poderiam, se quisessem, descartar essa queixa sob a alegação de "apropriação cultural" ou coisa que o valha, principalmente no caso das comunidades na Europa e até aqui, nos Estados Unidos. Afinal de contas, a situação torna-se duplamente absurda quando ocorre em países ditos "avançados". Já li até que aqui mesmo, nos Estados Unidos, meninas muçulmanas são obrigadas a se casar com homens mais velhos sob imposição dos pais! E não estou falando de jovens mulheres, o que já seria censurável em nossa sociedade liberada, mas de crianças, mesmo! Algumas dessas meninas até morrem na lua de mel, coitadinhas, quando penetradas por seus vetustos maridos, podem acreditar.

Vou fazer o possível para evitar mencionar neste editorial a situação dos direitos e privilégios das mulheres sendo usurpados por transgêneros — isto é, homens —, desde o campo dos esportes até o do crédito especial para abertura de empresas, muito popular aqui nos EUA. Confesso que, até ter escutado um comentário sobre isso na TV, eu não imaginava que isso poderia acontecer! E ainda temos que lidar, por exemplo, com a mais nova agência de modelos... especializada em transgêneros femininos! Ou seriam masculinos? Confesso-me confusa.

Como eu disse, meu assunto aqui é outro: o "sequestro" do Dia Internacional da Mulher por ativistas anti-Trump. Confesso também que, embora já estivesse caraminholando pensamentos para este editorial hoje de manhã, não tinha pensado em colocar as coisas nestes termos até que li a matéria do *The Federalist*.

Vamos combinar, para começo de conversa, que o dia da mulher não pertence às "mulheres contra Trump", mas a todas nós, mulheres, mesmo aquelas que nunca ouviram falar de Trump. Principalmente estas, aliás. Tudo fica ainda mais estranho quando tomamos conhecimento de que a tal "greve geral", marcada para amanhã, está sendo orquestrada a partir da Marcha de Washington por uma mulher que é não só muçulmana, mas também terrorista, condenada por dois ataques a bomba em Israel, em 1969. Vocês vão me desculpar, mas nessas circunstâncias não acredito em "segunda chance".

Toda a ideia de "um dia sem mulheres" é bastante ridícula. Ninguém, a não ser os postulantes da ideia de que o gênero feminino é apenas um entre outros 23, duvida da importância da mulher em nossa sociedade e da necessidade de protegê-las em lugares onde sua integridade é aviltada, ao ponto de afetar sua plenitude física com práticas mutiladoras proibidas em países decentes. E não se trata aqui de "desapropriação" cultural, absolutamente. É um horror mutilar genitais femininos para submetê-las à autoridade de pais e maridos. Ponto final. Não se trata de um ponto aberto à discussão. Qualquer mulher que já tenha se tocado para obter prazer sabe do que estou falando.

E para aqueles (e aquelas) que alegam que o uso do *hijab* é não só um direito, mas uma "proteção", sugiro que leiam o comentário escrito pelo ativista antimuçulmano Maajid Nawaz, ou melhor, "ex-militante muçulmano e contraextremista" — sim, isso existe — que em geral é muitíssimo consciente do que está falando. O que torna ainda mais absurda a presença de tantas mulheres usando o *hijab* como uma "bandeira feminista" na Marcha de Washington, e também no material promocional da tal "greve das mulheres". Isso inclui também a minha crítica enfática aos recentes desfiles de "moda muçulmana" em Nova York. Isto é ridículo! Alguém já ouviu falar em desfile de moda cristã? Ou budista?

Só quero saber como vai se comportar essa tal greve em países onde a mulher não pode sequer dirigir, que dirá frequentar uma escola ou sair sozinha à rua. Quem se meter a heroína, imagino, corre o risco de ser desfigurada com ácido se faltar às suas obrigações, ou até levantar os olhos para o marido ao dizer "não", sei lá.

Por outro lado, os que querem nos indispor com os nossos homens e invadir o sagrado campo da maternidade

— querem que eu repita? aí vai: sagrado campo da maternidade — com alternativas esquisitas, como "pedaços de pele fertilizados", tampouco estão com nada. Cuidado com eles (ou com elas), porque querem nos eliminar. Mas não vão conseguir.

Sei que minha linguagem é forte, mas, francamente, nós no ocidente precisamos parar de nos fazer de idiotas e de não só aceitar, como de alegremente aderir a qualquer "movimento progressista internacional" que tem em vista, não a nossa destruição, porque isso é impossível, mas a perda de privilégios e proteções que custamos tanto a conquistar. Entre eles, o direito de votar e endossar quem a gente bem quiser.

Por essas e outras, e todas, faça amor, não faça greve.

Feliz dia da mulher!

Lei dos Banheiros encontra seu destino na administração Trump: a descarga

Sob a batuta de Donald Trump, o procurador-geral Jeff Sessions declarou ontem que falta à famigerada "Lei dos Banheiros", básico componente do "legado" de Obama, base legal — e até mesmo, ouvi em algum lugar, base científica — para impor a regra a nível federal. E a defenestrou, isto é, relegou aos Estados a decisão de aceitar ou não a necessidade de construir um banheiro à parte nas escolas para os estudantes transgênero, ou, como opção, permitir que frequentem o banheiro de sua escolha. A carta enviada às escolas pela administração federal reafirma a lei contra a discriminação por sexo, mas expõe também a "não analisada" confusão entre sexo e gênero suscitada pela determinação anterior, que provocou várias ações judiciais. De acordo com um tribunal de apelação do Texas, o termo "sexo" se refere "sem ambiguidade" ao "sexo biológico". Um alívio.

Vocês podem achar, como cheguei a pensar, que essa determinação do governo Obama foi de somenos importância. Porém, depois de ter cativado a atenção nacional por vários meses a fio, seu cancelamento final conquistou as primeiras páginas de todos os jornais importantes, que, curiosamente, interpretaram a nova determinação, ou "desdeterminação", cada um de acordo com sua linha editorial predeterminada.

O *New York Times*, por exemplo, houve por bem destacar que "Jeff Sessions sempre se opôs à expansão dos direitos civis de gays e transgêneros", e fez questão de estampar uma foto dos protestos na qual se pode ler "Todo o meu apoio aos estudantes transgêneros", informando que se podia escutar o seguinte slogan na multidão: "Sem ódio, sem medo, alunos trans são bem-vindos aqui".

Ninguém nunca disse que "alunos trans" não são bem-vindos, embora seja alta a probabilidade de que a maioria dos estabelecimentos, antes obrigados a certo comportamento (e investimento) pela agora extinta lei federal, nunca tenham visto um aluno transgênero em toda a sua história.

Devo confessar que essa tal Lei dos Banheiros foi para mim um componente básico... na minha conversão ao conservadorismo, e também ao "trumpismo". E embora não me inclua de forma alguma entre aqueles que condenam os avanços de direitos dos homossexuais, sempre a considerei uma insanidade, que, obviamente, excede sua aparente desimportância. Quem liga para essa bobagem de separação de gêneros em banheiros escolares, não é?

Pois a questão não é o banheiro em si, mas o vasto precedente aberto pela determinação, um apoio federal do governo dos Estados Unidos não somente aos banheiros, ou aos direitos de uma das menores minorias de que se têm notícia, mas também, prestem atenção, à manipulação da biologia por instrumentos criados pelo homem, incluindo perigosas cirurgias mutiladoras e tratamentos hormonais altamente prejudiciais, com base naquilo que mais frequentemente não se trata de um traço natural, mas de um distúrbio mental. E o pior de tudo, muitas vezes administrados a crianças pequenas, por decisão dos próprios pais. A loucura vai tão longe que os manifestantes nas ruas pedem a "proteção dos direitos das crianças" advogando o que constitui, simplesmente, um ato de abuso infantil.

Posso até me "sentir mal", ou correr o risco do isolamento social por declarar uma opinião "preconceituosa" como esta. Mas, na intimidade de uma conversa particular, tive a confirmação do meu modo de pensar por uma psicanalista conceituada, que prefere não expor suas opiniões em público. É assombroso o nível de loucura despertado e encorajado por essa simples canetada de Barack Obama, que constitui — constituiu, graças a Deus — uma das determinações mais perigosas para o futuro da humanidade jamais perpetrada por um governo, algo assemelhado, apesar de seu caráter "bem-intencionado", aos tétricos experimentos "médicos e científicos" de Josef Mengele no Terceiro Reich. Felizmente, Trump nos livrou dessa, espero que para sempre.

O efeito Trump também está se fazendo sentir em outras áreas onde a loucura americana tomou conta do pensamento nacional, como na delicada questão da imigração. Só por ter abordado o assunto e estar estudando uma mudança na área este governo já fez diminuir a imigração ilegal no país. Outro dado positivo é que desde 20 de janeiro de 2017 não se escutou falar uma só vez nos distúrbios de rua e violência com base em diferenças raciais, nem se tem notícia do assassinato de policiais. O problema, aparentemente, desapareceu.

Imagino o tamanho da dificuldade enfrentada por este governo para desfazer o delírio progressista, encorajado, e muitas vezes implantado por força de lei pela administração anterior. É preciso muito peito, vamos combinar. A manipulação do pensamento foi tão vasta e tão generalizada que nos sentimos cruéis e passíveis de condenação apenas por reforçar certezas tão absolutas como o nosso sexo de nascimento, determinado, como todo mundo sabe, não por nossa vontade, mas pelo componente genético do nosso DNA.

É ou não é uma loucura total?

A próxima batalha feroz deve atacar os excessos cometidos e a corrupção que grassa no mundo em torno da "mudança do clima". Artigo do *Times of London* de hoje, por exemplo, denuncia um oficial de governo que implantou, ao custo de 450 milhões de libras, a queima de lenha importada em vez do carvão, aumentando em vez de diminuir a "marca de carbono" e o efeito prejudicial no nível de poluição. Tudo por "um punhado de dólares".

O ESTILO ZEN DA MAIORIA SILENCIOSA

O mundo não mudou nem um pouco depois da eleição e posse de Donald Trump. Os mesmos ativistas de sempre, patrocinados pelo mesmo dinheiro de sempre, e estimulados pela mesma manipulação de sempre, continuam se manifestando nas ruas como sempre. Mais barulhentos e mais inconvenientes que antes, é certo, agora que, paradoxalmente, julgam ter um poder ainda maior de alterar os rumos do universo.

Todas as forças que agiam no mundo antes de novembro de 2016 continuam agindo exatamente da mesma maneira, agora um pouco mais ocupadas com algumas novas bandeiras a levantar. Exceto uma: a maioria silenciosa.

Não, a maioria silenciosa não é aquela gente ruidosa que frequentou fielmente os agitados comícios de Trump e parece tê-lo levado à vitória para "mudar tudo isso que está aí". A maioria silenciosa, como o próprio nome diz, é... silenciosa. Seus integrantes observam o que acontece no mundo e podem até trocar ideias com alguns vizinhos mais receptivos, talvez até com outros membros de seu "partido político". A maioria silenciosa esteve calada por muito tempo, vendo seu estilo de vida cada vez mais ameaçado pelo barulho intenso que os intensivos compartilhamentos em redes sociais vêm gerando no mundo, arrastando as pessoas para fora de suas vidas pessoais, eliminando a intimidade, o tempo para leitura e reflexão. A nobre missão do barulho lá fora é não deixar ninguém pensar.

Mas a maioria silenciosa americana deixou seu mutismo recolhido por algumas poucas horas em novembro de 2016. Participou de uma das maiores manifestações políticas de sua história recente, e sem emitir um único som colocou a pessoa de sua escolha na presidência dos Estados Unidos, porque já não podia tolerar a invasão abusiva de seu modo de vida ponderado.

A maioria silenciosa errou se pensou que com seu voto poderia calar de uma hora para outra as manifestações ruidosas que a estavam incomodando. Mas, como a maioria silenciosa é também uma maioria paciente e conscienciosa, acredito que ela nunca esperou que o mundo mudasse da noite para o dia. Seu ato revolucionário foi plantar uma pequena semente com poder comprovado de se tornar uma árvore um dia, isto é, colocou em movimento a marcha dos acontecimentos e agora dá tempo ao tempo para que as coisas se encaminhem de uma forma diversa, mais de acordo com sua visão de mundo.

Obviamente, embora esse pensamento me agrade, não faço parte da maioria silenciosa, haja vista essa minha necessidade de escrever quase todo dia. Compartilho, porém, de pelo menos um dos hábitos produtivos da maioria silenciosa, quando procuro enxergar para além dos ruídos enredados que buscam confundir os interesses da maioria professando seu amor pelas minorias e outras causas aparentemente corretas.

A verdadeira revolução consiste em agir, não em reagir. Em seguida é preciso aguardar os efeitos dessa ação.

Nem um "Deus Todo-Poderoso" construiu o mundo em apenas sete dias, embora seja esta a história que nos contam todo dia.

Tudo no mundo mudou depois da eleição e posse de Donald Trump, e tal mudança não depende nem está vinculada a seu estilo truculento — necessário, talvez, para romper um estado de coisas muito impositivo e barulhento.

A mudança já posta em marcha mostrará seus efeitos muito em breve, de forma suave e gradativa, bem do jeito zen da maioria silenciosa, que depois de ter perpetrado seu único ato revolucionário voltou para casa e foi cuidar de sua própria vida.

Ok. Este texto pode parecer maluco e esotérico demais, filosófico demais para um editorial. Mas, estamos precisando refletir, e é o que estou percebendo no momento, o que estou dizendo a mim mesma no momento para me permitir sobrevoar o caos reinante. Um estado de caos manipulado, em sua maioria.

Lembrando, a maioria silenciosa americana é apenas uma parte da maioria silenciosa mundial, mas o *modus operandi* é essencialmente o mesmo. São eles que têm "a força" numa realidade democrática.

O DIA EM QUE DONALD TRUMP ABOTOOU O PALETÓ

Uma crônica bem-humorada de Angela Dutra de Menezes publicada no Crônicas da KBR leva na brincadeira a onda de "resistência" que o mundo vem apresentando contra Donald Trump.

Tudo bem. Neste momento crítico, o humor é o caminho certo para a gente lidar com espinhosas questões, e a perfeita crônica da Angela usa até o recurso subliminar de "matar mentalmente" aquilo que detestamos — como, segundo a Psicologia, fazemos para nos libertar de nossos pais — com o uso da metáfora "abotoar o paletó".

Duas ou três coisas: a primeira, é que a "resistência progressista" neste país não está de brincadeira, e as sugestões para matar Trump estão sendo levadas a sério pelas agências de segurança; a segunda é que a mídia progressista e seus especialistas estão perdendo o senso, agindo como malucos, o que faz com que percam completamente a razão (sem trocadilho); e a terceira... bem, a terceira é tão braba que minha memória quase me traiu no meio do parágrafo e custei a me lembrar. Mas é a ideia de que os progressistas e seu governo pregresso agem como crianças mimadas, e está na hora de agirmos como "adultos", que é, exatamente, de acordo com os especialistas do lado de cá, o que Trump está fazendo. E, vamos combinar, ninguém gosta de um pai autoritário que tenta nos disciplinar, mas um pai desses é preciso, ou perderíamos, ou nunca teríamos encontrado um rumo na vida, embora a filosofia "progressista" advogue o caos na educação, incluindo a ideia de eliminar a escola da nossa evolução.

Em resumo, é exatamente o caos que a mídia, a resistência, e agora o alegado "governo-fantasma" capitaneado por Barack Obama pretendem implantar no país. Tudo para justificar que perderam as eleições.

As contradições são muitas, e variadas demais para nomeá-las aqui. Mas vão, por exemplo, desde o inexplicável boicote das "alt-feministas" a Ivanka Trump a declarações destrambelhadas de colunistas que, por muitos anos, considerei como guias ponderados. Descontado o crime inafiançável de ser filha de seu pai, Ivanka, por exemplo, é o protótipo da mulher bem-sucedida, independente e madura que as feministas sempre pretenderam encarnar. Quer dizer, não fosse filha de quem é, seria um ícone instantâneo para a categoria. Em vez disso, está sendo humilhada e execrada, como, aliás, também a primeira-dama Melania Trump, chamada de prostituta por um repórter do *New York Times*. Voltando aos colunistas, fiquei chocada ontem à noite ao ver na TV o progressista-ativista Tom Friedman, também do *New York Times*, declarar alto e bom som que o alegado ataque dos *hackers* russos é tão ou mais grave para os Estados Unidos do que o ataque às torres gêmeas e do que... o ataque a Pearl Harbor! Por Deus!

Quanto ao quesito "estilo", Angela atirou no que viu e acertou no que não viu: é certo que o calouro na presidência Donald Trump está querendo acertar e tendo que se adaptar às limitações e realidades de Washington, precisando para isso multiplicar por mil suas estratégias de negociação bem-sucedidas conforme escreveu em seu livro *A arte do acordo* [*The Art of the Deal*]. Mas a vasta implicância mundial contra o líder americano se deve em grande parte ao seu "estilo", do cabelo à gravata, que muitos descrevem com razão como "cafajeste".

A roupa, como se sabe, não faz o homem, embora não baste à mulher de César ser honesta: ela tem que *parecer* honesta. E pode ser que haja um estilista piedoso na Casa Branca, porque ontem à tarde, na entrevista coletiva junto ao primeiro-ministro de Israel Benjamin Netanyahu, o paletó de Trump estava finalmente abotoado. Ele deve ter lido a crônica da Angela!

Noga Sklar nasceu em Tibérias, Israel, em 1952. Cresceu em Belo Horizonte e viveu por 30 anos no Rio de Janeiro, cidade que deixou para se refugiar com seu marido Alan num paraíso entre as montanhas de Petrópolis. Apesar das muitas mudanças e da crescente universalidade de seus temas, mantém-se uma escritora mineira com certeza.

Suas crônicas são reunidas uma vez por ano em um volume publicado pela KBR. Assim, Noga tornou-se autora de uma permanente "autossaga", da qual *A damas de preto* é o 15° volume.

Atualmente, vive com seu marido Alan Sklar em Greenville, na Carolina do Sul, para onde se mudou em outubro de 2014.

E-mail: noga@nogasklar.com

www.ingramcontent.com/pod-product-compliance
Lightning Source LLC
Chambersburg PA
CBHW021231250626
47155CB00008B/2964